JN155026

マイナス金利でも年12%稼ぐ黄金のノウハウ

Absolute Return Strategies that target 12% return within a negative interest rate environment.

浅井隆

第二海援隊

プロローグ

マイナス金利下でお金を殖やす

私たち人類は、他の生物にはない非常に特殊な能力を持っている。それは、言葉を操ることではない。実はサルやイルカたちも原始的とはいえ、言語によるコミュニケーション能力を持っているのだ。では、その人間にしか存在しない特殊な能力とは何か。それは、〝経済活動を営む〟というものである。

ところがその経済において、今人類史上初という異常な状態が私たちの眼前において繰り広げられている。それこそ最近、新聞紙上をにぎわせている〝マイナス金利〟というものである。お金を貸し借りする場面において金利がマイナスというのは、素人が考えても不可思議なものだが、貸す方が逆に金利を支払って借り手が金利をもらうというのは、やはり理屈に合わない。どう考えても異常である。海外の経済学者の中には「資本主義が終焉する前兆かもしれない」と騒ぎ出す人もいるほどだ。

その問題はひとまず置くとして、私たちの資産運用においても重大な問題を巻き起こしているのである。さすがに私たち個人が銀行にお金を預けた場合の利息まではマイナスにはなっていないが、ほぼゼロであることは間違いない。実際に計算したところ、今の金利だと銀行預金が二倍になるのに約七〇〇〇年くらいかかる。かつて、日本でもバブルの頃は郵便貯金の利息は八％あったから、約九年で二倍になった。それと比べると、七〇〇〇年後というと、もはや人類そのものが生き残っているかどうかわからないというはるか未来の話と言ってよい。

では、この資産運用の逆境下で私たちはお金を殖やすことに絶望すべきか。いや、そんなことはない。実はすごいノウハウがあるところにはあるのだ。ただし、残念ながらこの国内にはない。ということは、海外には奥の手があるということだ。今回は、その話をじっくりしていくことにしよう。

二〇一六年七月吉日

浅井　隆

マイナス金利でも年12％稼ぐ黄金のノウハウ――――目次

第三章　世界の笑いもの――日本の後進国的金融事情

第四章　複利効果のすごさ

第五章　「年一二％複利の海外ファンド」とは

第六章　究極の財産保全ノウハウ

エピローグ　真の勝利者への道　278

※注　本書内の為替計算は、一米ドル＝一一〇円、一NZドル＝八〇円で計算いたしました。
※注　本書内のファンドの数字等は、すべて二〇一六年四月現在のものです。

第一章 今の金利だと倍になるのに七〇〇〇年

人類史上初めての出来事に直面

「人類最大の発明は複利である」（The most powerful force in the universe is compound interest.）と、かの物理学者アインシュタインは言った。

しかし、天才と称されたアインシュタインでさえも、世の中から金利が消滅する事態を予期していたとは思えない。後の章で詳細は述べるが、確かに、複利の持つ力は爆発的だ。年利六％の商品で運用すれば、たったの一二年で元金が二倍になってしまう。

しかし、金利が消滅してしまえば話は別だ。「七二の法則」（七二を金利で割ると、複利で元金が倍になるまでの年数が大雑把にわかるという法則）で計算すると、現在の日本の預金金利（〇・〇一％）では元金を倍にするのに約七〇〇〇年もかかる。世界的に長寿化が進み、長寿に関する研究も飛躍的に進歩しているが、さすがに七〇〇〇年は生きられない。百歩譲って生きながらえたとしても、七〇〇〇年という月日はあまりにも絶望的な長さである。あのキリストが誕生したのでさえ、約二〇〇〇年前のことなのだ。

私たちはアインシュタインに人類最大の発明とまで言わしめた複利で計算したとしても、雀の涙ほどのリターンしか生まない時代を生きている。これは人類史上で初めての経験だ。しかも、こうした事態は日本だけで生じているのではない。一七ページの図をご覧いただければわかるように、程度の差こそあれ世界中で金利が消滅している。

世界的に金利が低下した直接的なきっかけは、二〇〇八年に発生したリーマン・ショックだ。米バンク・オブ・アメリカ（BOA）メリルリンチの推計によると、世界の中央銀行が米リーマン・ブラザーズの破綻（二〇〇八年八月）から二〇一五年九月までの間に実施した利下げの回数は、なんと計六〇〇回にもおよぶ。これでは金利が消滅するのも無理はない。

問題は長期化する低金利の下でも一向に景気が過熱しない点にある。二〇〇八年までは、金利が低下→景気が過熱→金利が上昇→景気が冷える→再び金利が低下→景気が過熱→再度の金利上昇→景気が冷える、という具合のサイクルが観察されたものだ。しかし、今回の局面では相当な期間に亘って低金利が続いているにもかかわらず、一向に景気が過熱してこない。

まさに異例と呼べる事態に、世界中の有識者は長期停滞論（ローレンス・サマーズ元米財務長官が提唱した仮説。通常の景気循環における不況局面を超えた、より長期的かつ趨勢的な不況を指す。一九三〇年代の米国で初めて提唱されたが現在でも賛否両論の議論がある）など多くの原因が取り沙汰されている。

下手をすると大恐慌（短中期的なサイクルよりも長い景気の低迷）が再来しているのではないかとの懸念に、世界の中央銀行も呼応した。その結果、主要国の多くがゼロ金利政策や量的緩和（QE）といった非伝統的な金融政策を導入。非伝統的な金融政策は今も多くの国で続けられている。主要国では米国だけがゼロ金利政策からの脱却を果たしたが、景気が浮揚してこない一部の国ではまさに前代未聞と言えるマイナス金利まで導入されるに至った。もはや、世界は「何でもあり」の時代に突入したのだ。

政策金利比較（日米欧英豪）

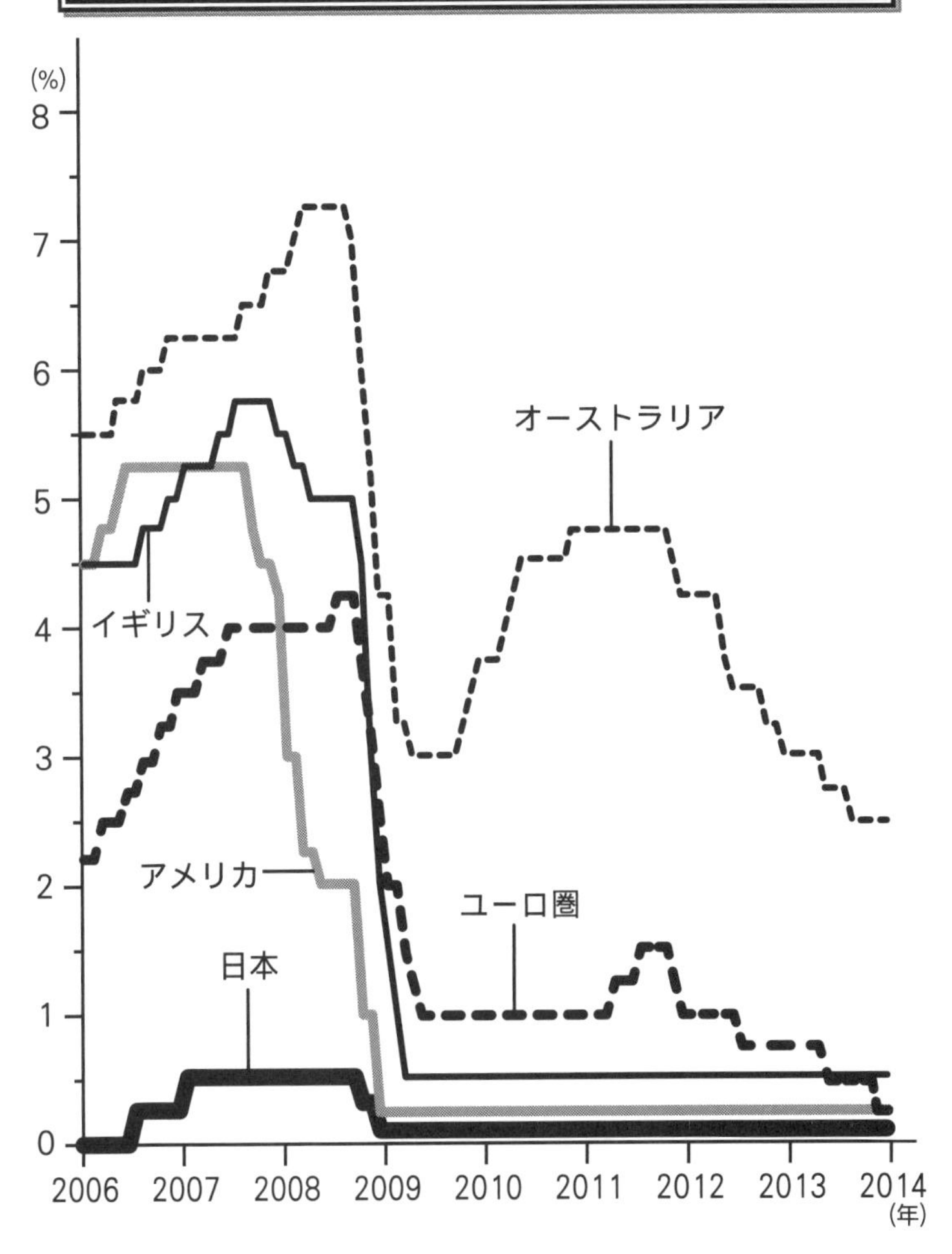

各中央銀行のデータを基に作成

「マイナス金利というシナリオは実現しないものと考えられていた。経済学では、金利の下限はゼロとされている」（二〇一五年一二月一〇日付米ウォールストリート・ジャーナル）にもかかわらず、マイナス金利は複数の国で導入された。それは、「金利がゼロでも景気が良くならないから、いっそのことマイナスにしてしまおう」という短絡的な動機に基づいている。現在、マイナス金利が導入されているのはデンマーク、ユーロ圏、スイス、スウェーデン、そして日本だ。その結果、世界全体で発行されている国債の約二五％で金利がマイナス圏に沈んでいる。格付け大手フィッチ・アンド・レーティングスによると、利回りがマイナスとなっている国債残高は、二〇一六年五月に全世界で一〇兆四〇〇〇億ドルに達した。

借金をする側、たとえば今の日本国などからすると、借金をしても利息を払う必要がないどころか利息を受け取れるマイナス金利は何の問題はない（むしろ万々歳だ）。しかし、日銀にお金を預ける民間銀行や預金者からすれば運用難どころの話ではない。下手をすれば、銀行に預金した際に利息を取られてしま

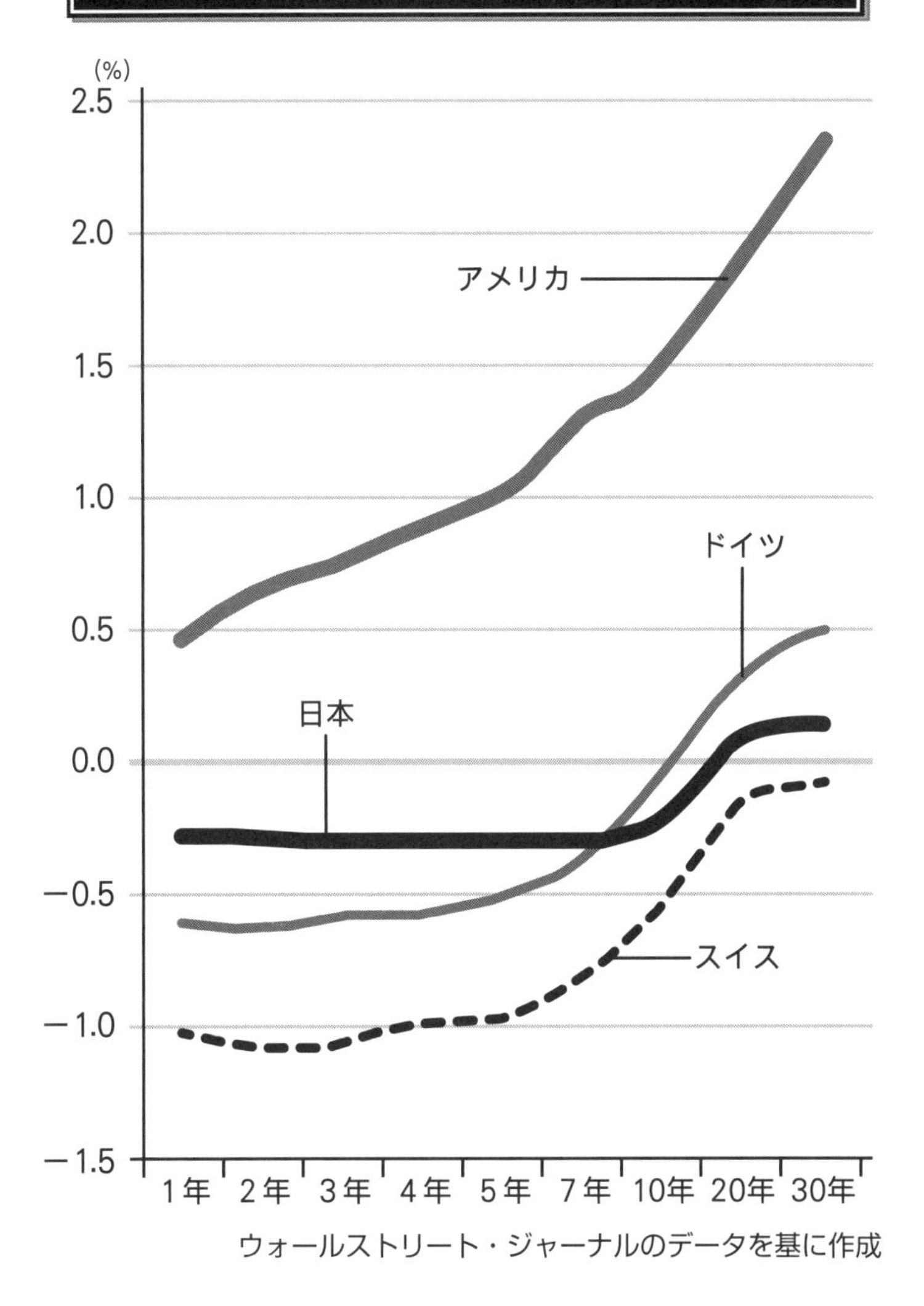
各国の国債利回り曲線
(%)
2.5
2.0
1.5
1.0
0.5
0.0
−0.5
−1.0
−1.5
アメリカ
ドイツ
日本
スイス
1年
2年
3年
4年
5年
7年
10年
20年
30年
ウォールストリート・ジャーナルのデータを基に作成

うのだ。完全にばかげている。

もちろん、現時点でこそ日本の金融機関はマイナス金利を預金者に適用していない。そもそも、金融法委員会によると資金の貸し手が借り手に利息を払うのは法律的にも無理があるという。しかし、金融機関が手数料などといった形でマイナス金利を預金者に課す可能性は否定できない。英ロイター通信（二〇一六年五月一六日付）は、「各金融グループは貸出に依存しない手数料ビジネスへと急ピッチでかじを切っている」と報じている。

他国はどうか。たとえば、日本よりも早期にマイナス金利が導入されたスイスでは、中央銀行預金金利（民間銀行が中央銀行に預けている当座預金のうち、法定額を上回る部分の金利）はマイナス〇・七五％となっており、ほとんどの銀行が多額の現金を預け入れている企業や個人に対してマイナス金利を適用する事態となっている。オルタナティブ・バンク・スイスにいたっては、一般の個人にまでマイナス金利を適用しているほどだ。こう考えると、日本でもいずれ大口の預金者を筆頭にマイナス金利（手数料）が課されるのではないかと不安になる。

そんなスイスでは、マイナス金利が導入されたことによってタンス預金を志向する人が急増した。それに伴い、高額紙幣に対する重要が高まっている。スイス中央銀行によると、二〇一五年末時点で、世界でもっとも高額な紙幣の一つである一〇〇〇スイスフラン（約一一万三〇〇〇円）の流通量は、スイスでマイナス金利が導入される直前（二〇一四年一一月）に比べて約一七％も増加した。スイス政府も「預金に対するマイナス金利を避けるために、投資家は流動資産を（現物の）紙幣で保持したいと考えるようになっている可能性がある」（ロイター通信二〇一六年五月二〇日付）と認めている。

現時点では預金に対してはマイナス金利が適用されていないここ日本でも、多くの人が不安に感じたようだ。その証拠に、マイナス金利の導入が発表された直後には全国各地で金庫の売上が急増している。米ウォールストリート・ジャーナル（二〇一六年二月二二日付）は、「日本では個人用金庫の売り上げが伸びている。これも銀行に資金を預けるよりは、現金を貯めておいた方がよいという心理の表れとみられる。日本の家具販売業者、島忠は先週、金庫の売り上げが前年同期の二・五倍に増えたと説明した。同社が販売している価格七〇〇ドル（約七万八四〇〇円）の金庫は品切れ状態で、注文が可能になるのは一―二カ月後になるという」と伝えている。

米ブルームバーグ（二〇一六年五月三一日付）も、「タンス預金を保管できる金庫の売れ行きが好調だ」と報じ、「経済産業省の統計によると、金属製耐火金庫の販売個数は三月に一万八九一九台とデータでさかのぼれる二〇一一年三月以降で最高を記録。前年比八五・六％増と直近四年間で二番目に高い伸びだった」と伝えた。そして、金庫メーカー「エーコー」の田谷一仁氏（企画開発部部長）が「金庫の売り上げは『過去に例を見ない、驚くほどの』伸び率だ」と話していると記している。

金庫の売り上げが増加したと同時に、日本でもスイスと同様、高額紙幣に対する需要も高まった。二〇一六年三月四日付の米ウォールストリート・ジャーナルは「経済成長率が一％の低水準にとどまる中、多くのスイス国民は銀行から預金を引き出し、タンス預金に励んだ。（中略）預金金利が極端に低くなっている日本でも事情は同様だ。一万円札に対する需要は昨年六・二％増加し、二〇〇二年以来の高水準となった。ただ、一万円は一〇〇〇スイスフランから見れば一〇分の一以下の金額であり、これでタンス預金してもすぐに保管場所が一杯になってしまう。日銀が先月、一部の当座預金へのマイナス金利を導入した際、金庫を買う動きが一気に高まったのはこのためだ」と報じている。

東京近郊で漫画家のアシスタントを務める佐藤智美さんもマイナス金利によってタンス預金を志向した一人だ。佐藤さんは前出のブルームバーグに対し、「マイナス金利政策の導入の発表を知り、万が一の事を考えて資産の半分を占める預金の一割を引き出した」と明かしている。その理由として、「昔あったと聞いたことがある預金封鎖や取り付け騒ぎがあったらどうしようと一瞬だけ不安になった。皆ざわざわしていた。（中略）東京五輪に向けた盛り上がりがあまり感じられず、日本経済が良くなるイメージがない。（中略）（マイナス金利の下）長い目で見れば口座管理手数料まで取られるような気がする」（米ブルームバーグ二〇一六年五月三一日付）と述べた。

もはや、銀行に預金しておくだけで勝手にリターンが生まれた時代とは隔世の感がある。先にも述べたが、現在の日本の預金金利（〇・〇一％）では複利で運用したとしても元金が倍になるのは約七〇〇〇年も先のことだ。

では、こうした状況はいつまで続くのだろうか？　中には「そう遠くない将来に高金利の時代が戻ってくるだろう」と考えている人もいるだろう。もちろん、その可能性もなくはない。しかし、高金利ということは高成長または高インフレということであり、今の日本であり得るとすれば後者、しかも悪性の高インフレであろう。悪性インフレについては、今まで繰り返し述べてきたからここではこれ以上触れない。ただ、ここ十数年の日本経済を見てみると、私たちは「利子率革命」という、およそ四〇〇年ぶりの出来事に直面している可能性がある。

繰り返されてきた低金利の歴史

一九九四年の時点で、将来的に長期的な低金利の時代が到来すると予測していた人物がいる。二〇〇九年に死去したイタリア（ミラノ）出身の歴史社会学者、ジョヴァンニ・アリギだ。アリギは数ある景気サイクルの中でも、より長期的な景気サイクルを研究していたことで知られる。『長い二〇世紀――資本、権力、そして現代の系譜』や『北京のアダム・スミス――二一世紀の諸系譜』の著者としても有名だ。

マイナス金利は人類史上で初めてのことだが、アリギの研究によると、長期的に金利が低下する局面の出現は今回が初めてではない。実は過去に幾度となく起こっている。そして、それは覇権のサイクルとも関係しているという。

アリギは著書の『長い二〇世紀』において、過去五〇〇年に亘る金利の歴史を紐解いた。そして、過去五〇〇年の間に三度もの覇権の移行に伴った長期的な資本の蓄積と崩壊のサイクルが存在していたことを確認。それはイタリア（ジェノバ）を皮切りに、オランダ、英国と続き、現在は米国サイクルの渦中にあると分析している。しかも、現在は米国サイクルの最終局面に位置しているというのだから穏やかではない。

ジェノバ・サイクル（一四六〇年〜一六四〇年）、オランダ・サイクル（一六四〇年〜一八〇〇年）、英国サイクル（一八〇〇年〜一九四〇年）、米国サイクル（一九四〇年〜）の各サイクルでは、まず資本は生産拡大に投じられる。そして生産の拡大が限界に達すると、今度は金融の拡大ステージに移行。そしてそれに伴って金利が徐々に低下していく。やがて、それも限界に来ると金利の急上昇（債務の再編）によって一つのサイクルが終焉。別な場所（覇権国）でまた新たなステージ（生産拡大の局面）に入る。

ところで、こうした長期的な景気（金利）サイクルの研究は何もアリギだけが実践してきたわけではない。アリギはその先駆者としては名高いが、近年では日本も含め、多くのエコノミストが長期的な景気サイクルを研究している。

ジェノバの金利

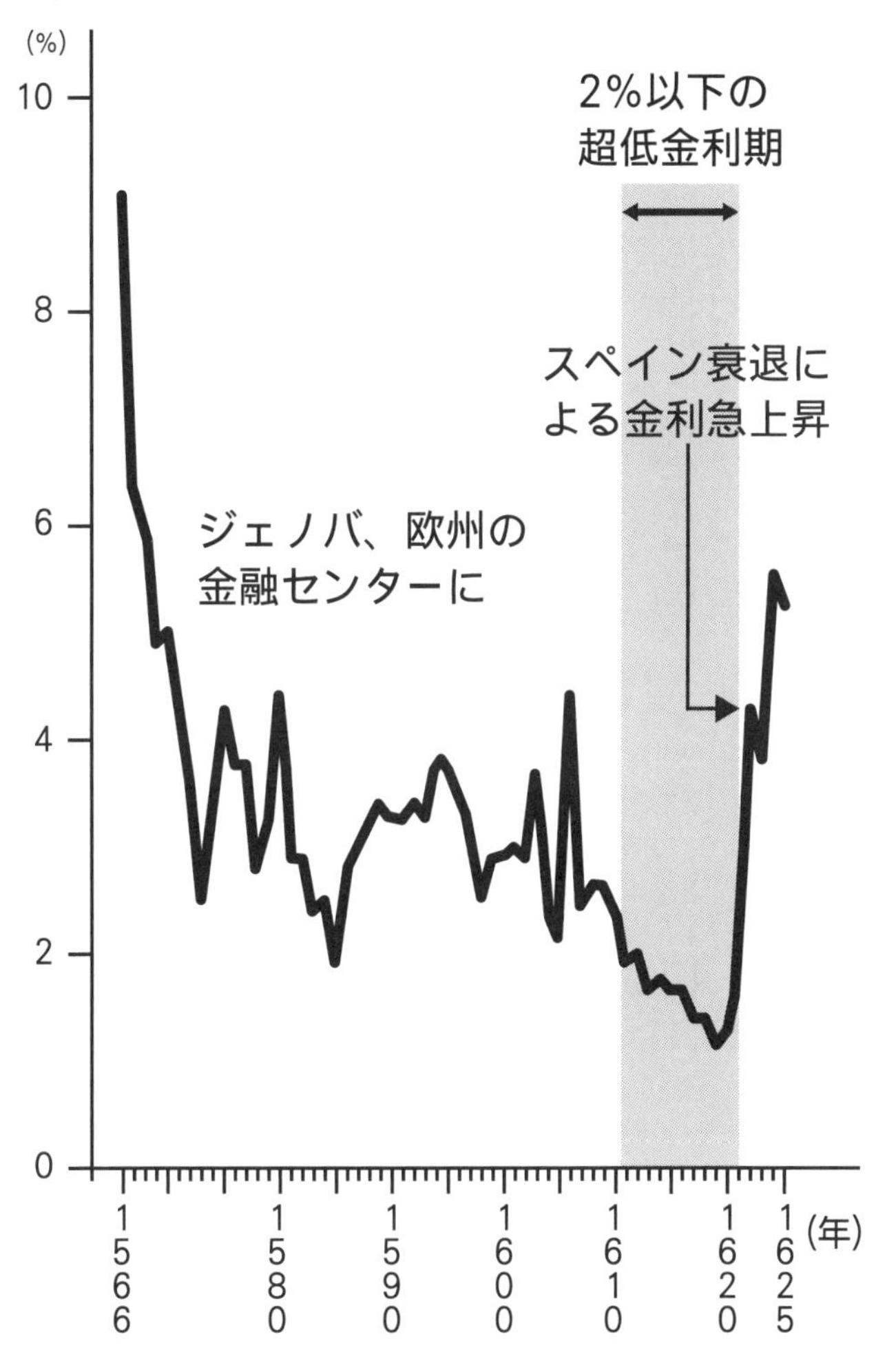

S. ホーマー、R. シラ著「金利の歴史」のデータを基に作成

そして、アリギと似たような結論にたどり着くのだ。それは、私たちは長期的な景気サイクルの転換点に位置している可能性が高いというものだ。

では、金利の歴史を順に見ていこう。まずは、現在と状況が極めて似通っていると指摘されるジェノバの例を見てみたい。

イタリアの都市国家「ジェノバ共和国」では、一六一一年～一六二一年の一〇年間、四・五年物国庫貸付金利が昨今のように二・〇%以下で推移した。この出来事は、「利子率革命」と呼ばれている。従来、ジェノバ共和国には確固たる産業や資源がなかった。そのため、経済学のチャールズ・キンドルバーガーによると、栄えるまでのジェノバは周辺国から「魚のない海、木のない山、真心のない男、恥のない女」と嘲笑されていたという。しかし、地中海貿易の活発化によって徐々に経済大国へと発展していった。最終的には当時の強国スペインの戦費調達を助けたことで、当時としては随一の金融センターにまで変貌を遂げる。

金融センターとなったジェノバには、周辺から大量の金銀が流入するようになった。そこで生じたのが、現在の世界経済と同じ深刻なカネ余りである。すみずみまで整備されたジェノバからは有望な投資先が消え、国債に資金が集中。長期金利は低下の一途を辿り、一六一九年には当時としては史上最低の「一・一二五％」を記録した。

ところが、オランダと英国という当時の新興国が台頭したことに起因してこうした状況に変化が生じる。利回りを求めた投資家たちが徐々に新興国への投資に傾いていったのだ。当時の新興国であった英国は、一六〇〇年に東インド株式会社を設立。一六〇二年にはオランダも東インド会社を設立。そのオランダは一六〇九年にオランダ・アムステルダム銀行を設立し、ジェノバをしのぐ金融センターに発展しようとしていた。

今で言う、新興国投資に当たる東インド会社の株式の配当は一八％。投資家は東インド会社の株式に殺到するようになった。そして、スペイン国債とジェノバ債を大量に保有していたメディチ家が両国を見限ることでジェノバの衰退は決定的となる。一六二〇年代に入ると、ジェノバ債の金利は六％前後にまで暴騰。この金利急騰が決定打となり、スペインとジェノバは経済大国としての地位を徐々に喪失。その穴を埋めるかのように、オランダが次の覇権国として台頭することとなった。

オランダの勃興は、一五六八年に始まったスペインとの独立戦争で勝利（一五八一年）したことから始まる。独立後のオランダには平和が訪れ、もともと航海術が発達していたこともあり海洋貿易が活発化、さらには毛織物の生産を通して富を蓄えるようになった。一六〇〇年代に入ると、金融センターとしての地位を確立。投資家からの信用を獲得し、オランダ国債の価格は徐々に上昇（金利は低下）していった。そして、一六二〇年代のジェノバ債の急落を受けて両者の利回りは逆転する。これによりオランダは名実ともに覇権国へと上り詰めた。

ここで歴史が繰り返す。先の覇権国であったジェノバやスペインもカネ余りによって国債バブルが生じたが、次に覇権国となったオランダでもカネ余りが発生。その結果、今度はオランダでバブルが発生する。かの有名な「チュー

過去500年に亘る資本蓄積サイクルの変遷と金利推移

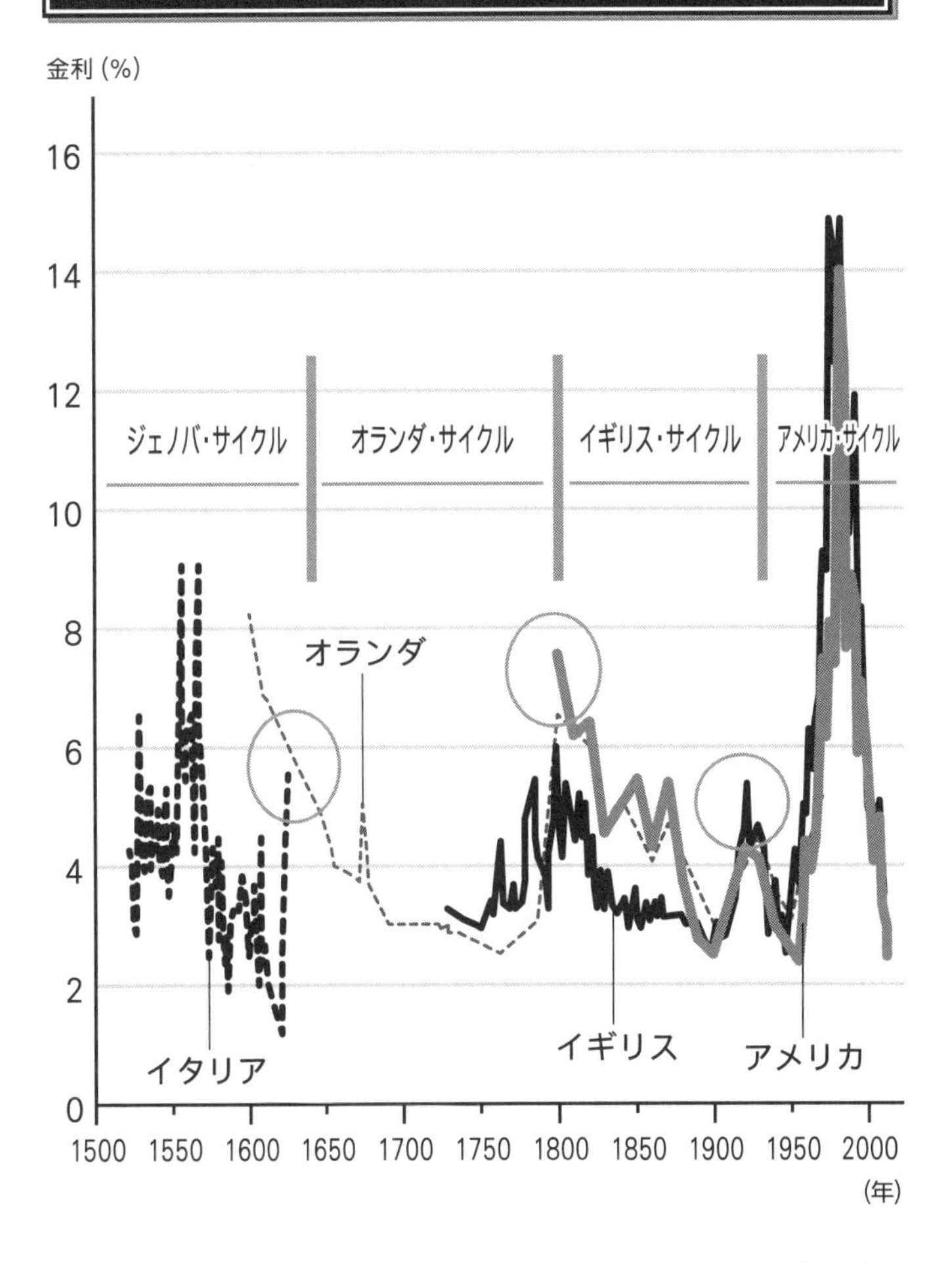

The Capital Tribune Japan のデータを基に作成

リップ・バブル」だ。その名の通り、投機対象となったのはチューリップ（球根）である。もちろん、チューリップが最初から投機対象だったわけではない。投機筋や庶民層が取引に参加したことで爆発的な価格の高騰を記録。その後、一気に価格が暴落したため「経済史上初のバブル」と記録されている。

古くからオランダの気候はチューリップ栽培に適しており、富の象徴としてのチューリップ栽培が根付いていた。また、貿易が盛んになったことで品種改良が繰り返されたチューリップがオスマン＝トルコから流入。カネ余りも手伝って、徐々にチューリップの取引が盛んになっていった。

そして、投機筋や庶民層までもがチューリップ取引に参加し始めたことで一六三三年にチューリップの価格はすさまじい高騰を記録。ピーク時には金（きん）の価格をも超えてしまい、チューリップの球根一つで牛四頭、ブタ八頭、ビール四樽（大樽）、チーズ数トン、バター二トン、馬車二四台分の小麦などが買えるようになったという。一つの珍しい球根と家一軒が交換されたケースもあった。バブルの最終局面では、珍しくもなんともない六〇ドル前後の球根が買ったすぐ後に八〇〇ドルで転売できたというのだから尋常ではない。

チューリップ・バブルが発生した原因は現在でも解明されていないが、通説では「これは儲かる」と目を付けた投機筋が相場を主導したことがきっかけだと言われている。チューリップの取引が後日決済であったため少額の現金でも取引を拡大できた点や、チューリップの流動性が高かった（転売しやすかった）ことなどが投機筋の流入を招いたようだ。従来のチューリップ愛好家や一般商人はあまりにも価格が高騰したため取引から徐々に撤退していったというが、次第に「チューリップで一攫千金できた」といった言説や「球根ブームは終わらない」といった根拠が極めて乏しい噂がオランダ全土を席巻。その噂を信じた一般庶民がチューリップ取引にのめり込むようになったため、チューリップ価格はさらに高騰。完全にバブル相場と化した。

当然、バブルは必ず弾ける。チューリップ・バブルも例外ではなく、一六三七年二月三日に破局を迎えた。その日、「ある男性がチューリップを買って転売しようとしたところ、どういう訳か転売することができなかった」という噂が突然オランダで広まる。

実際は嘘の情報であったというのが定説となっているが、多くの参加者は多額の信用取引に興じていたため、もはや信憑性を論じている場合ではなかった。買い手がいなくなったという噂が伝わるや否や、チューリップ市場は売り一色。暴落を回避しようと政府や裁判所までもが介入したが、時すでに遅し。もはや暴落といった生易しいものでは済まされず、取引自体がまったく成立しないという事態にまで陥った。

最終的にチューリップ価格は、ピーク時の一〇〇分の一以下にまで下落してしまう。そして、債務不履行の連鎖がオランダを覆った。ところが、このバブル崩壊で大商人はそれほどダメージを受けなかったと言われている。もっとも深刻な影響がおよんだのは不動産を担保に借金をしてまで投機に走った大衆層であったという。兎にも角にも、チューリップは「愚かさの象徴」として国民から長い期間に亘って嫌われることとなり、オランダ経済も長期的な不況に喘ぐこととなった。

日本の「失われた二〇年」（バブル崩壊で痛手を負った国民が倹約に走り景気が一向に拡大していかないこと）を見てもわかるように、長期的な不況に入ると株や不動産といったリスク資産が嫌われる一方、安全資産とされる国債への投資が活発化する。この当時のオランダも例外ではなかった。

三一ページの図をご覧になればわかるように、一六〇〇年～一七〇〇年代のオランダの金利は、一時期を除いて低位で安定している。東京海上アセットマネジメントのチーフストラテジストである平山賢一氏は、「金利史から読み解く不安定な金融市場と債券運用戦略」と題した同社のレポート（二〇一四年一二月号）で、低金利が長期化する二一世紀初頭の日本と一七～一八世紀のオランダの状況には驚くべき近似性があると指摘。経常黒字と貯蓄性の高い国民、そして資金が円滑に国債へと流れる点が共通しているという。まさに、当時のオランダでも長期間に亘って投資収益の低下（金利の低下）が起こっていたというわけだ。

金利が上昇すると覇権が移行する

ここでアリギが提唱した金利のサイクルをおさらいしておこう。サイクルの初めにはまず、生産の拡大に資本が投じられる。経済がもっとも成長する段階だ。しかし、やがて生産の拡大は限界に直面する。ここからは金融が拡大するステージだ。金融が拡大するステージに入ると徐々に金利が低下（投資収益が低下）、やがて資本は新たな投資先を探し始める。最終的に金融の拡大も限界に到達すると、金利も急上昇し、なんらかの形で債務が再編されリセット。別なステージで新たに生産の拡大と資本の蓄積が始まる。

ジェノバの場合は経済が成熟する過程で金利が低下していった。オランダの場合は経済の成熟に加え、チューリップ・バブルの崩壊も相まって国債バブルが誘発されている。詳細な過程こそ違えど、時間が経過するにつれ資本が国債に集約されていくという構図は変わらない。最終的に金利の上昇によって覇権を失った点も同じだ。

オランダで金利が急騰したのは一八〇〇年のことである。このときも例に漏れず、オランダがナポレオン率いるフランスに占領され覇権が潰えたときのことであった。次に覇権を握ったのは英国であったが、その英国でもアリギが提唱した金利サイクルが再現されている。

では、オランダから英国に覇権が移る過程も簡単に見ておこう。英国の本格的な台頭は一七六〇年頃に起きた初期産業革命から始まり、オランダの覇権は一八〇〇年頃に潰えるのだが、そのはるか以前にオランダから英国への資本の移動が起きている。

一六三七年にバブル崩壊の憂き目に遭ったオランダだが、当時では随一の金融センターを有していたこともあり、資本の蓄積は順調に進んでいった。また、当時の欧州は寒冷期であったため、香辛料の価格が慢性的に高騰。アジアとの貿易に精通していたオランダは香辛料を半ば独占していたため、莫大な利益が転がり込んだ。

そんなオランダも、一六〇〇年代後半くらいから徐々に変調を来たし始める。その最大の原因は、フランスや英国との戦争であった。英国とは一六五二年から始まり三度も戦争を繰り広げている（英蘭戦争）。これによりオランダの国力は徐々に疲弊、フランスの進軍によって本土も荒廃し始めた。

ところが、一六七四年にオランダと英国は一転して同盟関係を結ぶ。英国も戦争で疲弊したため、利害が一致したのだ。これにより両国には一時的に和平が訪れるのだが、皮肉にもこのことがオランダ経済の衰退を勢い付かせることとなる。

英国を訪れたアムステルダム商人（オランダの大商人）が英国の工業化に驚嘆し、資本をオランダから英国に移動させるようになったのだ。そして、この資本の大移動こそが後の産業革命の遠因となった（そのため英国の覇権を形作ったのは、アムステルダム商人だと言われている）。一方のオランダ経済は、アムステルダム商人の流出によって趨勢的な衰退期を迎えることとなった。台頭する英国では、広く知られているように数多くのバブルが発生している。

代表的なのは一七二〇年に弾けた「南海泡沫事件」（バブル経済の語源となった出来事。戦争によって増大した政府の債務を返済するという目的で作られた南海会社の株式が暴騰、大暴落を起こした事件）、一七九〇年から始まった「キャナル・マニア」（運河バブル。初期産業革命に伴いイングランドやウェールズなどでは運河の建設が猛烈に推進。運河株への投機熱をもたらした。一七九三年のフランス革命戦争への参戦をきっかけに終焉）、さらには一八四〇年代の「レールウェイ・マニア」（鉄道バブル。鉄道主体となった産業革命期に起きた鉄道株に向けられた投機熱。ピーク時には二七二もの鉄道会社が乱立。それがバブル崩壊によって四社にまで集約された）などだ。

英国はオランダと比べるとバブルが多く発生している。その最大の理由は、金融システムの発達だ。オランダの時代に金融技術は飛躍的に発展（世界初の本格的な証券取引所はアムステルダムで産まれた）。英国はそれをさらに改良して、現代の金融システムの基礎を作る。英国のシティ（ロンドン）は、現在でもウォール街や香港などと並んで世界有数の金融センターの一つだ。

また、金融システムが発達したことにより、バブル崩壊の影響が次第に国外へと飛び火するようになる。実際、一八六〇年代には次の覇権国である米国で鉄道バブルが勃発するのだが、一八七三年のバブル崩壊でもっとも痛手を被ったのは発信源の米国ではなく、英国（欧州）であった。その結果、英国を中心に世界経済は一八七三年から「大不況」（一九三〇年代の大恐慌を凌ぐとも言われる長期デフレ。経済史上で最長の不況。英国では二三年間も不況が続いたという研究もある）と称されている長期的な景気後退に突入する。

米国は大不況が始まる一年前（一八七二年）にＧＤＰ（国内総生産）で英国を抜いて世界一の経済大国になってはいたが、英国の経済的な衰退を決定付けたのはこの大不況であった。この間、英国から米国への移民が急増。蓄積されてきた資本も徐々に米国へと流出していった。

英国の金利は、産業革命が終わった一八三〇年頃から低下に転じている。産業革命が終わると物価が下落したため、それと連動するように金利が低下したのだ。そして、一八七三年から始まった大不況（長期デフレ）によって金利はさらに低下。一九二〇年代までは低位安定していたが、一九三一年の金本位制からの離脱によって金利が急騰。第二次世界大戦を経て、一九五六年のスエズ危機（第二次中東戦争において米英が意見を異にし、最終的に英国が米国の圧力によって停戦を受諾した事件。これにより英国は経済規模だけでなく政治的影響力という観点でも米国に覇権を奪われ、大英帝国の落日の象徴として記憶されている）を直接的なきっかけとして名実ともに米国が覇権を握ることとなった。

言うまでもなく、私たちはパクス・アメリカーナ（超大国である米国の覇権によって形成されている平和的な秩序）の時代を生きている。しかし、ここでも歴史は繰り返すだろう。

一九九七年に日本の長期金利は二・〇%を下回った。それ以降、今の今まで一度たりとも日本の長期金利が二・〇%を上回った試しはない。だからこそ、現代の「利子率革命」だと言われている。

しかし、利子率革命は特別なことではない。金利の歴史を振り返れば一目瞭然だが、実体経済でリターンが確保できなくなると、経済は自ずと金融を主体としたものになる。たとえば、一六世紀の覇権国家であったジェノバでは、実体経済でリターンを確保できなくなると、スペイン王室に資金を貸すことでリターンを確保するようになった。日本でも高度経済成長で蓄えた資本が一九八〇年代にバブルを作り、その後は延々と国債への投資に振り向けられている。言い換えると、今の日本は実体経済で利潤を得ることができないため国債に投資する他ないのだ。

資本主義が限界に来ている

こういった資本主義の限界とも言える状況が日本だけでなく、世界のあちらこちらで生じている。覇権国である米国も例外ではない。かつての米国は実体経済で利潤を上げることができたが、経済が成熟するにつれ経済の金融化が進行した。その極みが先のリーマン・ショックだと言える。サブプライムなどという金融商品を作り出し、自らが「金融工学はすべてのリスクをヘッジできる」と錯覚し、壮大なバブルを形成した。その結果、バブルは弾け、デフレが世界中を席巻。一九世紀末の大不況や一九三〇年代の大恐慌と似たような局面を出現させている。

端的に言うと、米国や英国が作り上げてきた資本主義がいよいよ限界に来ているということだ。その帰結としての、昨今の低金利である。すなわち、昨今の低金利は金融政策だけに根ざしているのではない。

英フィナンシャル・タイムズの論説委員であるマーティン・ウルフは、二〇一六年四月一四日付で「マイナス金利は病の原因ではなく症状だ」とする論説を掲載、超が付くほどの低金利は「金融政策だけのせいではない」と指摘。「投資機会に比べて貯蓄が多すぎることから世界経済は苦しんでいる」と論じている。すなわち、昨今の世界経済はアリギが提唱した長期的な金利サイクルの最終段階に位置しているというわけだ。

歴史を参考にすると、現状の低金利は思いのほか長期化するだろう。過去五〇〇年の金利を振り返っても、多くの期間で金利は低位で推移している。とはいえ、さすがにマイナス金利の出現はなかった。いくら金利が低位で推移していたと言っても、だいたい二～四％程度の金利は付いている。マイナス金利を甘受している私たちからすると、のどから手が出るほど羨ましい。

「今の債券相場はどんな比較も寄せ付けない高騰ぶりだ。数兆ドル相当の債券の保有に多額の対価を支払ってもリターンが非常に少ない今のような状況はかつてない。債券市場の重鎮の一人、ジャック・マルビー氏によると、一八七一年までさかのぼっても世界の債券利回りが現状に近い低水準だった時期は見当たらない。ビル・グロース氏は『記録の残る過去五〇〇年で』最も低い債券利回りだとツイッターで指摘した」（二〇一六年六月一三日付米ブルームバーグ）。

やはり、私たちは特別な時代を生きているようである。

投資は時間を味方に付けよ

「マイナス金利政策の下でも、収益機会は十分にある」（二〇一六年六月一六日付米ブルームバーグ）。カナダの最大手の生命保険会社（日本部門）であるマニュライフ・アセット・マネジメントでファンドマネージャーを務める津本啓介氏はこう胸を張る。ヘッジファンド業界が苦境に喘ぐ中、同氏のファンドは七年連続で「野村ＢＰＩ」（代表的な債券指標）を上回るリターンを獲得した。

しかし、そうした例外は別として、全体としては世界は今、かつてないほどの運用難に苦しんでいる。投資先の不足、その帰結としての低金利。さらには世界中で実施されている金融刺激政策が低金利に追い討ちをかけている。その結果、投資のプロでさえもパフォーマンスの低迷に悩まされている状況だ。

ヘッジファンド・リサーチ（ＨＦＲ）が二〇一六年六月一六日に発表したデータによると、ヘッジファンド業界の不振によって、過去一年間で運用を開始したファンドよりも閉鎖したファンドの方が多い。運用開始が九一〇本に対し、閉鎖は一〇五三本だ。ＨＦＲは「投資家が『運用成績不振に寛容でなかったことが清算するファンドの数を押し上げた』」（二〇一六年六月一七日付米ブルームバーグ）と指摘する。

また、米バロンズ誌（二〇一六年五月三一日付）によると、ヘッジファンド業界では全体の運用資産が一九七〇年の一〇億ドル強から昨今では約三兆ドルにまで膨らんだ。そのため、「同一の投資アイデアに多額の資金が集まるようになったことも、業界の低迷の一因」になっているという。

それでもヘッジファンドの重要性は依然として高いままだ。実際、スイス大手のＵＢＳグループ（スイスに本拠を置く世界有数の金融持株会社。投資銀行、証券業務、富裕層向けの資産管理・運用を主に行なう）は顧客にヘッジファンド投資を推奨している。ＵＢＳウェルス・マネジメントのグローバル最高投資責任者（ＣＩＯ）マーク・ハーフェラーは米ブルームバーグ（二〇一六年六月三日付）のインタビューに対し、「ヘッジファンドが『二桁や三桁のリターンを上げる時代は終わったが、マイナス金利の環境で投資家の利回り要求を満足させるのに十分なリターンは出る』」と指摘。さらには「投資の多様化」という観点からヘッジファンドへの投資の重要性を説いた。

私もヘッジファンドへの投資を推奨する一人だが、何もハイリスクなものに投資をしろと言っているのではない。単純な話、資産を塩漬けにしておくのはもったいないのだ。アインシュタインが最大の発明とまで言ってのけた複利で長期運用すれば、たとえわずかな利回りでも資産は着実に殖える。ヘッジファンドの中にはそういった期待に応える商品も少なくない。二桁など劇的なリターンは望めない代わりに、リスクが低い商品も多く存在する。たとえ利回りが六％であっても、複利で運用すればたったの一二年で元金が二倍になるのだ。冒頭で述べたように、現在の預金金利では元金を二倍にするのに約七〇〇〇年もかかる。こんな馬鹿な話はない。一二年と七〇〇〇年というのは決定的な差だ。

無論、日本人の多くが金利の有無に関係なく資産運用を嫌う傾向にあることを私はよく理解している。そもそも世界的に金利が低下するはるか以前から、ここ日本では実質的なゼロ金利が定着していた。それでも積極的に投資をしようという人は依然として少数派である。やはり、日本人は預金などの無リスクが好きなのだ。

ただし、今後は預金も無リスクというわけにはいかない。マイナス金利に加え、日本には財政リスクもある。この問題は、最終的にインフレという形に帰結する可能性が高い。そう考えると分散投資は必須の選択だ。

そうでなくとも、ゼロ金利の下では、わずかな利回りでさえも長期で運用すれば（資産を塩漬けにしていた場合と）将来的に劇的な差を生じさせる。特に若者だ。若者は高齢者に比べて死ぬまでの時間が多いという単純な理由から長期投資に向いている。ある推計によると、現役世代のおよそ八割で老後の準備（貯蓄）が足りていない。長期運用の必要性は一目瞭然だ。長引く不況のため「投資する元手がない」と嘆く若者も多いが、かの有名なウォーレン・バフェットでさえも新聞配達とコーラを売って貯めたお金で投資を始め、稀代なる資産家にのし上がったのである。

そこで本章の最後に、米国では有名なある逸話を紹介したい。それは、ジョージ・ワシントンと共に米国の独立革命に貢献したベンジャミン・フランクリン（一七〇六年～一七九〇年）の遺産にまつわる話だ。フランクリンは、かの有名な「時は金なり」という言葉を残したことでも知られる。

そんなフランクリンは、亡くなる一七九〇年に五〇〇〇ドル（当時は）の遺産をボストンとフィラデルフィアにそれぞれ寄付した。ただし、その寄付にはある条件が付いていたという。その条件とは、「二〇〇年間は複利で運用せよ。途中、一〇〇年後には公共事業として五〇万ドルは引き出してよい」というものだった。

両市は遺言に従い、最初は貸付によって運用し、途中からは証券で運用することにした。そして、一〇〇年後の一八九〇年に五〇万ドルを引き出して公共事業に充足。残りは再び複利で運用した。そして、一九九〇年には二〇〇〇万ドルもの寄付を受け取る。たったの五〇〇〇ドルが四〇〇〇倍に化けたのだ。

遺産を通じて壮大な実験をしたフランクリンは生前、当時としては新興国であった米国の若者にこんな言葉を残している――「時間はお金だということを忘れるな」。この言葉には時間の尊さとは別に、「投資は時間を味方に付けよ」（時間は利息を生む）という意味が込められている。

この言葉は、低金利の現代においても輝きを失ってはいない。ゼロ金利の時代においても優良な投資先を選択し、時間をかけて運用すれば必ず資産形成ができるのだ。

第二章　お金を殖やすための基礎知識

株より儲かるバッグを買え⁉

二〇一六年一月、ネット上である投資が注目を集めた。「株や金より、バッグ投資が儲かる」——高級バッグの通販サイト「バッグハンター」（Ｂｕｇｈｕｎｔｅｒ）の調査によって、株や金よりも「あるカバン」の方が高いリターンが得られるという衝撃的な結果が明らかにされたのだ。同社がＳ＆Ｐ５００（米国の代表的な五〇〇社の株価銘柄に基づく株価指数）、純金、それにエルメスのバッグ「バーキン」を投資対象として比較したところ、株価は市場での変動が激しく、金も価格が変動する一方で、バーキンだけが一九八四年の発売当初からなんと一度も価値が下落せず、年率換算で一四・二％上昇していたというのだ。

ご存知の方も多いと思うが、エルメスは世界でも屈指のファッションブランドだ。元々、馬具工房として創業した同社は、自動車産業の発展で馬具の需要先細りに伴って事業を転換し、カバンや財布などの革製品をブランド化することで大成功を収めた。その中でも絶大な人気を誇るシリーズが「バーキン」というバッグだ。一九八四年、エルメス第五代社長のジャン＝ルイ・デュマ＝エルメスが、イギリス出身の女性歌手ジェーン・バーキンと航空機の機内でたまたま隣合わせになった際、彼女がボロボロの籐の籠に何でも詰め込んでいるのを見て、整理せずに何でも入れられるバッグをプレゼントさせて欲しいと申し出たというのが「バーキン」誕生のエピソードだ。

フォーマルからカジュアルまで幅広く使えるデザインながら、丈夫で長持ちするという実用性も備えていることから、世界中のセレブも「バーキン」を愛用している。品質へのこだわりは徹底しており、定番モデルにもかかわらず生産数は少ない。「バーキン」の予約リストには二年先の発売分まで客がついていると言われる（米国のある人気ドラマでは五年先とも紹介されている）。もちろん、こうした「ウエイティングリスト」にまつわる逸話は、多分にブランド戦略の側面も含まれていると見るべきだろう。実際のところ、本当に現物がないわけではなく、店舗には上顧客用の「裏在庫」があるという話がある。また、その「裏在庫」を買い付けるための裏技もあると言われており、それを駆使するバイヤーらは二年も待てない富裕層向けに「裏在庫」を入手し、相当なマージンを乗せて販売しているという(ロイター通信社二〇〇八年四月一五日付)。

もちろん、こうしたグレーな話が生まれるほどに、エルメスのバーキンが持つ稀少性とセレブ御用達というブランド力は圧倒的だ。実際、オークションでは常に一五〇~三〇〇万円という高値が付いており、限定色や素材、保管状態などによってはさらにプレミアムが付くものもある。二〇一五年には、なんと二八〇〇万円という高値が付いたものまで存在するのだ。

これほどのプレミアムが確実に付くのなら、投資対象としてはかなり魅力的だ。特に女性にとっては、憧れのハイブランドのバッグを楽しむだけでなく、同時に資産運用にもなってしまうのだから、願ったりかなったりというものだ。これを読んだあなたも、投資と趣味を兼ねて、バーキンを買ってみたいと思うことだろう。だが、立ち止まって考えて欲しい。果たして本当に「バーキン投

エルメスは荷物の多いジェーン・バーキンのために名品バーキンを作った。写真はバーキンを持つジェーン・バーキン。
（写真提供　Best Image ／アフロ）

資」に落とし穴はないのだろうか。

二七年落ちの中古車が定価の倍で売れる不思議

もう一つ、面白い話をしよう。二〇一六年二月、なんと発売から二七年も経った日本の中古車が定価の倍で落札されたという話だ。その車は「スカイラインGT‐R　R32型」という一九八九年発売の初期モデルだ。美術品オークションのサザビーズと提携した米国の「RMオークションズ」（現　RMサザビーズ）が開催したオークションで、ワンオーナー（所有者が一人のみの車体）の同車に八万二五〇〇ドル（落札時点で一〇〇六万五〇〇〇円）の値段が付いたのだ。発売時の定価は四四五万円だったが、当時この車がこれほどの高値で取引されると予想できた人は恐らく一人もいなかっただろう。

スカイラインGT‐Rといえば、往年の車好きにはたまらない名車の一つだ。中でも初期型のR32型は、弾丸を想像させるシルエットと筋肉質な造形に当時の国内規制ギリギリの出力を誇る高性能エンジンや最先端の電子制御四駆システムを奢った、いかにも「技術立国日本」らしいスポーツカーだ。当時、ポルシェなど欧州勢の独占状態だった国内外のレースシーンに、必勝を宿命づけられて投入されたスカイラインＧＴ‐Ｒは、圧倒的な戦闘能力を見せつけ、わずか数年で勢力図を完全に塗り替えた。その人気は国内だけでなく海外でも相当なものだったが、特に米国では一部のファンから絶大な支持を集めていたという。

しかし、米国のマニアたちは長年この車を手にすることができなかった。米国には、国内で販売されていない車を輸入できるのは発売から二五年後という「二五年ルール」が存在する。一説には、この法律は日米貿易摩擦の絡みで制定されたというが、要は「クラシックカー」にならなければ輸入してはいけないという、一種の産業保護政策だ。Ｒ32型ＧＴ‐Ｒは米国での直販がなかったため、まさにこのルールによって輸入が規制されていたのだ。そして二〇一四年、「二五年ルール」の規制対象から外れ、クラシックカー入りしたＲ32型ＧＴ‐Ｒ

がいよいよ米国で取引されるようになり、一気に高値が付いたのだ。

自動車は消耗品だ。どんなに生産台数が多くても、年数が経過すれば状態のいいものはどんどん減っていく。しかもメーカーは、一定年数が経過すれば部品供給を打ち切る。人気とは裏腹に稀少性が増していくため、クラシックカーとして扱われた途端に価格が跳ね上がったのだ。今や、国内では一〇〇～三〇〇万円程度で流通するR32が、米国では三万～六万ドル（三〇〇～六〇〇万円）で取引されているという。これに目を付けた一部の業者が、今国内在庫をかき集めて米国に「輸出」しているのだそうだ。もし、あなたの近所の中古車屋にR32型GT－Rが置かれていたら、それは絶好の投資チャンスかもしれない⁉

資産運用に対する自分の「常識」を疑え！

実に興味深い二つの〝投資案件〟をご覧いただいたが、皆さんはどのような感想を持っただろうか。「こんな意外なものが投資になり得るのか」というのが

日産スカイライン GT-R　R32 型。
その衝撃的なデビューは、世界中のクルマ好きを熱狂させた。

率直な感想ではないかと思う。私もハッキリ言って半信半疑だが、しかし投資というものの理屈を考えれば、確かに成立しうる話だとは思う。もちろん、この二つの話には実は共通する「儲けのカラクリ」と「重大な落とし穴」が潜んでいるのだが、あなたはそれが何かに気付くことができただろうか。

まず、この二つに共通する「儲けのカラクリ」とは、「稀少性」と「ブランド」がその価格を支えているという点だ。ブランドは商品の歴史や背景といった物語に対する付加価値だが、稀少性はより具体的な話で、バーキンやGT-Rであれば何でもよいのではなく、「モノの状態が良く、手入れが行き届いている」ことが重要となる。そしてそれは、単に見た目が良いというだけでなく、どの専門家が品定めしても「品質に間違いなし」と言うだけの状態である必要がある。そういう良質のものをきちんと品定めできれば、かなり高い確率で儲けることができるのだ。逆に、まともに品定めできる程度にモノを知らない場合、粗悪品を高値掴みして大損する可能性があるということだ。

品質の目利き以外にも重要な点がある。バーキンの方がより顕著だが、素材や年代ごとのモデルの形、色などでプレミアムが変わり、ファッションのトレンドによっても人気が移ろっていくという点だ。ＧＴ‐Ｒも同様で、他の人気車がクラシックカー（米国基準では二五年経過）入りすれば、需要がなくなって価格が下がる可能性もある。このように、業界全体のトレンドの変化にも敏感であることも利益を出すためには必要だ。

さらに、流通経路の確保も重要だ。もし仮に、時流に合った状態の良いモノを入手できたとして、それにうまく利益を乗せて売却できなければ、宝の持ち腐れとなる。バーキンを富裕層向けに売りつけるという前出のバイヤーは、バーキンを買い付ける裏技やモノの目利きだけでなく、富裕層という売却先を開拓していたからこそ利ザヤを稼げた。最近では素人でもネットオークションを活用して直接物の売り買いができるが、バーキンやＧＴ‐Ｒなど高いプレミアムが付いている高額商品というものは、実はそういった簡単なやり方にはまったくなじまない。そうしてよく考えていくと、バーキンやＧＴ‐Ｒは一見すると非常に楽でうまい話に思えるが、実はかなり難易度の高い投資法なのだ。

同じことは、絵画や骨董、宝石などにも言える。これらはどんなものでも高値が付くわけでなく、ある特質を兼ね備えた「稀少性」があるものだけが高く取引されるのだ。当然、取引で利益を出そうと思ったら専門家並みの知識を持ち、取引ルートを確立できなければならない。万人向けの資産運用法でないどころか、その道のマニアでも成功する人はごく一握りだろう。

このように、世の中にはいわゆる「儲け話」が山ほど転がっている。テレビやインターネットでもこの手の話題には事欠かないが、そういった話の中に素人がちょっと手出しして儲かるものはまずない。一見いい話に思えても、必ず落とし穴があるものだ。詐欺話などはその最たる例だ。粗悪品を一級品と偽り、「いずれ転売で大儲けできる」などと言って売りつけるような手口だ。バーキンやGT－Rは実際にニュースになるほどの話題性があるが、それこそ逆に詐欺師には格好のネタになりうる。事情を知らない素人相手に粗悪品を売りつけるのに、ニュースを引き合いにすれば簡単に信じてもらえるからだ。話題の儲け話でモノを売りつけに来る輩があなたの身近にいたら、まず間違いなく疑ってかかった方がいい。

また、詐欺というわけではなくとも気を付けたい点がある。モノがまともであっても、もはやまったく儲かる状況にない、あるいはむしろ大損するタイミングがあるのだ。その恰好の例である「パット・ボローニャ」の逸話を紹介しておこう。

一九二〇年代、ニューヨークのウォール街に「パット・ボローニャ」という少年がいた。彼はビル街の道路の一角を陣取って靴磨きをして生計を立てていた。少年ながら腕利きの靴磨き職人として知られ、多くのビジネスマンが連日その腕を頼りに彼の元を訪れた。訪れる客は当然ながら金融関係者が圧倒的に多く、彼が靴を磨いている間の客たちの話題と言えば、もっぱら株式市場の様子や自分が取引でどれだけ儲けたか、ということだった。

当時のウォール街は、空前のバブルの真っただ中にあった。第一次世界大戦の終戦によって経済も有事モードから平時モードに移行し、政府も経済立て直しのため景気浮揚を狙った減税や巨額の財政赤字削減を実施した。その結果、この時期の米国は「狂騒の二〇年代」と言われる未曽有の好景気に突入したのだ。二〇年代後半には株価がすさまじい勢いで上昇し、金融関係者はいよいよ「毎日がお祭り」という状態になった。人々は真顔で「株を買わないものは愚か者」と言うようになった。ボローニャ少年のところに来る金融関係者も、連日のように「今日はいくら稼いだ、明日はもっと稼ぐ」と息巻き、そして、家を建てた、フォード製の新車を買った、今度海外旅行に行くなど、贅沢に散財する景気のいい話をしていった。毎日毎日こうも儲かる話を聞かされれば、いくら少年でも興味をそそられる。その興味を行動に移そうと考えた少年は、一九二九年七月のある日、ひとりの常連客に世間話ついでに切り出した。「旦那、俺も株をやりたい。いい銘柄を教えてくれないか」。

恐らくボローニャ少年は、連日連勝で気をよくしている常連のことだから気前よく教えてくれるだろう、くらいに軽く考えていたのだろう。しかし、相談を受けた当の常連客の反応は少年の想定とはまったく異なるものだった。その常連は、何か重大なことに気付いたように急に顔色を変えると、ひどく深刻な顔つきになった。そして、すぐに少年に靴磨きを切り上げさせると、少し焦りを伴ったような早口でこう言った。「今日はもう帰るよ。銘柄は後日私が直々に選んであげよう。しかし、それまでは絶対に何も買ってはいけないよ」。訝しげな表情の少年に「とにかく、ありがとう」と言い残すと、常連客は急いで自分の会社に戻り、社員の反対を押し切ってこう命令した。「持っている株をすべて売れ！　今すぐだ‼」

それから約三ヵ月後の一〇月二四日、天井知らずの暴騰を続けた株価は一転、大暴落する。この日が木曜日だったことから「ブラック・サーズデー」と後に名付けられたこの大暴落によって、世界は阿鼻叫喚の恐慌に突入した。ボローニャ少年の常連客たちは軒並み莫大な損失を被り、仕事を失った。幸いなことに、あの日の常連客の「今は絶対株を買うな」という言いつけを守った少年は、株でひどい目に遭うことはなかったが、しかし靴磨きの仕事は行き詰まった。なにしろ米国では一万以上の銀行が倒産、金融関係者をはじめ製造業も壊滅的な打撃を受けていたのだ。靴を人に磨かせるどころか、明日の糧にも困るありさまである。少年も食うに困り、「いよいよ自分も終わりか」と覚悟を決めた頃に、件の常連客がふらりと現れた。そして、少年にある株券を渡してこう言った「あの時、君が株を買いたいと言ってくれたおかげで、私はこの大恐慌を無傷で乗り切れそうだ。お礼に、この株をあげよう。一〇年は手放さず持っていなさい」。

儲け話とは不思議なもので、誰の耳にも入るような時はもう儲からず、あるいは大損するような末期状態のことが意外に多い。ボローニャ少年はたまたまいい相手に相談したため株での大損は免れたが、一方で新聞や風評に踊らされた大多数の人は、大事な財産を跡形もなく吹き飛ばした。つまり、買うモノの良し悪しではなく、売り買いのタイミングこそが生死を分けたのだ。

似たような話は一九九〇年の日本のバブル崩壊でも起きている。当時の雰囲気をご記憶の方もいることだろう。投資しないやつはバカだ、カネはいくらでも稼げる、株も不動産もどこまででも上がっていく……テレビや新聞が連日のようにこんな話をする、そういう時代だった。この時すでにバブルは末期、後から見れば明らかに最悪の投資タイミングだったのに、「儲かるかもしれない」と安直に考えた人々はろくな知識も情報もなくブームに飛び乗った。その後の顛末は見るも無残、彼らは株価や不動産価格の暴落になす術もなく、右往左往した挙句に売り時を失い、財産を吹き飛ばしたのだ。

一方で、その裏をかいてタイミングを計り、財を成した人もいる。顕著な例では、リーマン・ショック後の二〇〇九年に株を底値買いしたごく一部の人々だ。未曽有の大暴落を経験した直後だけに、ほとんどの人が「もう株はこりごり」と考えるその時期を狙って買いを仕込み、その後の戻りとアベノミクスで稼ぎまくったのだ。常識やムード、大多数の意見を疑い、逆の行動に出て大きく利益を上げた好例だ。

こうした投資タイミングの良し悪しは、株や不動産に限った話ではない。前述の「バーキン」や「スカイラインGT‐R」にしても、人々が憧れ、注目しているうちは高値を維持するだろう。しかし、未来永劫人気が持続することはあり得ない。ブームはいずれ去るし、そうなれば値崩れは必至となる。どんなに稀少で品質が良くても、買い手が付かなければ高くは売れないだろう。モノの目利きだけでなく、ブームの変調を捉えることも重要なスキルとなるのだ。

私たちの身の回りには、実はいくらでも「儲け話」が転がっている。口コミもあれば、マスメディアが大々的に宣伝しているものもある。その方法も、「バーキン」や「GT‐R」から、株で儲かる話や不動産の話などに至るまで、実に多彩だ。しかしもし、あなたが真剣に財産を殖やそうと考えるなら、口コミを当てにしたり、あるいはマスメディアが宣伝したりする情報を鵜呑みにしてはいけない。必ず立ち止まって落とし穴を考え、その情報を疑ってかかるべきだ。そして客観的な「本当の情報」を集め、精査し、理にかなった判断を積み重ねることが重要だ。必ずしも全戦全勝はできないが、そうした自分なりの判断の積み重ねによって、自分なりの方法論が確立されるからだ。

ボローニャ少年の逸話に出てきた常連客は、自分なりの判断基準を確立していた。だからこそ、「靴磨きの少年すら株をやるようなら、この狂乱株価も末期」と判断できたし、高名な経済学者や名うての投資家が「まだまだ買いだ!」

と世間を煽る中、周囲の反対を押し切って大胆な決定を下し、見事に危機を回避できたのだ。

ちなみに、ボローニャ少年が常連からもらったとされるのはUSスチールの株で、当時一七ドルまで売りたたかれていたが、わずか二年で二〇〇ドルにまでなったという。また、少年に気付きを得たその常連客は、その後暴落した有力銘柄を買い漁り、莫大な財を成しただけでなく、その財力と経済界への影響力をテコに中央政界への進出も果たした。彼の一家からはその後次々と有力政治家を輩出、ついには息子が大統領にまで上り詰めた。この常連客とはジョセフ・P・ケネディ、合衆国第三五代大統領ジョン・F・ケネディの父である。

❖コラム　借金で投資は妙手か禁じ手か？

投資を始めるにあたっては余剰資金で始めるのが一般的だが、資金がない場合、借金をして投資をするというアイデアがある。

この考え方は、一見すると悪くないように見える。借金の利息より高い利回りで運用すれば、借金を返しても利回り分のお金が手元に残ることになるからだ。しかし、結論を言えばこれは悪手であり、禁じ手だ。

本当に思惑通り借金の利息より高い利回りを出せれば良いが、思惑通りに事が運ばなかった場合は、最悪借金が返せないという事態にもなりうる。

さらに怖いのは、投資目的で作った借金は自己破産しても免責されない可能性がある点だ。専門用語では「免責不可事由」というが、FXや株、先物での投資は借金をチャラにできないとされているのだ。実際には、裁判所の判断で免責（裁量免責という）が認められる場合もあるが、原則は是が非でも返さなければならない恐ろしいものなのだ。

最近ブームとなっている不動産投資では、銀行から融資を受けるやり方が多いが、これも同様に注意が必要だ。特に、「借入金は節税になります」という話には要注意だ。たとえば、仮に五〇〇〇万円借金をして賃貸アパートを建てたとする。借入金の金利は超低金利の今、年一％で金額で年五〇万円だとすると、この五〇万円が所得税において経費として認められるので、税率を二〇％と仮定すると毎年一〇万円の所得税が節税になる。

では、借金をせず自己資金だけでアパートを建てた場合はどうなるだろうか。当然、借入金がないため支払い金利もなく、したがって所得税も節税になることはない。しかし、借り入れをした場合は、毎年五〇万円の金利支払いがあっての所得税一〇万円の節税ということだから、実はマイナス四〇万円。年間四〇万円は余計に支払うことになる。全額自己資金の場合は、節税で得もしないが、そもそも余計な追加支出そのものがない。単純に損得で言えば、マイナス四〇万円とプラスマイナス・ゼロ、どっちが得かは明らかだ。

しかも、不動産所得が借入利息の支払いで赤字になった場合は、支払利息のうち土地取得部分に関する利息の一部は経費として認められないし、その計算はかなり煩雑だ。だから、不動産投資のローンで節税などというのは考えない方がいい。

ただし、第一章で述べた通り、今は四〇〇年に一度という異常な超低金利状態にある。しかも、今後の日本は悪性インフレに見舞われる可能性が高い。だから、超低金利の今、固定金利で借り入れをして、主要都市の一等地物件に投資するというのは、十分検討に値する。そういういい場所の物件なら、もし悪性インフレに見舞われて日本が大混乱に陥っても賃借人は入るだろうし、何より賃料は物価スライドする可能性が極めて高いからだ。

ただし、一ヵ所集中投資は厳禁。地震活動期に入った可能性が高い日本で、一ヵ所でのアパート経営などは避けた方が無難だろう。資産家の方なら、都心超一等地のマンション（億ション）投資。そういう物件は、いつの時代も引く手あまただ。一般の方でも考えられるのは、世帯の単身化が進む現在、エリアを分散してのワンルームマンション投資であろう。

ただしその場合も、ローンに依存しての不動産投資は避けるべきだ。まずはキャッシュで。借り入れを考える場合は、まず安定した収入と金融資産があること。その上で投資効率を上げるために固定金利で借り入れをというのなら、超低金利の今はグッドチャンスかもしれない。

天才投資家たちの投資哲学

どんな世界でも、天才というのは実にユニークで面白いことを考えている。投資の世界もそうだ。彼らの投資行動や判断はあまりにもユニークで、比較し、まねすることすら困難なように見える。しいて彼らの共通点を挙げるなら「普通の人がまったく同じようにはできない」考え方、行動をしているということだ。では、天才から学べることは何もないかと言えばそんなことはない。スポーツや学術研究、芸術の世界とは異なり、投資の世界では天才のやりようが参考になることも存外に多い。そこで、現代を代表する三人の天才投資家の手法、哲学を簡単に見ていこう。

①オマハの賢人——ウォーレン・バフェット

現在存命の投資家のうち、名実共にナンバーワンと言うべき投資家がウォーレン・バフェット（八五歳）だ。二〇〇八年のフォーブス長者番付では世界一の資産家となった。二〇一六年現在も世界第三位の資産家で、六〇八億ドル（六兆六九〇〇億円）を保有している。世界約二〇〇ヵ国のうち、なんと半分以上の国のＧＤＰが彼の資産におよばないという、とんでもない大金持ちだ。

しかも驚くことに、彼はこの莫大な資産をたった一代で、主に株式投資で築き上げたのだ。父親は証券会社を営んでいたが、親からの相続や資金援助はなく、幼い頃から新聞配達やゴルフ場のボール拾い、競馬予想の新聞売りをして稼いだという。初めて株式投資をしたのは一一歳の時で、以後七〇年余りに亘って投資を続けている。二〇代の頃に天才投資家ベンジャミン・グレアムの下で働き、三〇代にはすでに一〇〇万ドルを保有するミリオネアとなっていた。

一九六五年には、当時紡績業を営んでいたバークシャー・ハサウェイを買収、その後様々な企業を買収し規模拡大を図る一方、様々な優良企業の株を買い付

「オマハの賢人」ウォーレン・バフェット。その投資哲学は、多くの人々に崇拝されている。　　　　　　（写真提供　ロイター／アフロ）

け、大株主になっていった。一九八六年、五六歳にしてビリオネア（一〇億ドル超の億万長者）入りした後もさらに資産を殖やし続け、一〇年後の六六歳の時に一六五億ドル、さらに六年後の二〇〇二年には三五七億ドルとすさまじい運用成績を維持し続けている。年平均利回りに直すと約二五％という成績だが、四〇年以上の長期に亘ってこれほどの好成績を維持していることは、もはや奇跡に近い。

これほどまでの大成功を収めたのだから、よほど特殊な運用をしているのかと思いきや、彼の投資戦略はいたってシンプルなものだ。

一・事業の内容を理解でき、
二・長期的に業績が良いことが予想され、
三・経営者に能力があり、
四・魅力的な価格である

この四つの条件を満たす数社の株に集中投資し、なるべく長期で保有する、それだけである。いわゆる「バリュー投資」という株式投資の戦略だ。あまりに正論過ぎるこの方法で、本当にうまくいくのかと首をかしげたくなるものだが、論より証拠、過去の実績がこの方法の正しさを強力に証明している。投資を行なう上では、資産の分散によってリスク低減を図ることが基本とされるが、バフェットの場合、資産の分散はあまりしない。自分が納得するまで厳選した自信のある銘柄に集中させることで、大きなリターンを得ているのだ。

毎年四月末に開かれるバークシャー・ハサウェイの株主総会には、世界中から多くの株主が訪れ、さながらお祭り騒ぎのようになる。二〇一六年は総会の模様がネット配信されるようになったが、それでもバフェットの生の声を聴きに四万人もの人々が本社のあるネブラスカ州オマハに集結した。さながら投資の神様に祈りを捧げに来る「バフェット教」の信者の様相である。

これほどの信奉者を集められるのには、理由がある。まず、彼が徹底した倹約家であり、「成金」然としていないこと、人間として驕っていないことだ。住まいは出身地でもありバークシャー・ハサウェイの本社があるオマハの一戸建てだが、一九五七年に三万一五〇〇ドルで購入して以来ずっと住み続けている。

最新鋭のセキュリティも物々しいバリケードもなく、世界屈指の大富豪にしてはあまりにも質素なものだ。浪費を著しく嫌う一方、慈善事業には巨額の財産を投じ、社会への利益還元には余念がない。

また、バフェットの「投資」というものに対する考え方も、多くの人を惹きつける。彼は投資によって資産を殖やすことよりも、いかにビジネスを成功させ、人々を幸せにするかを重んじている。彼にとって投資とは、五〇年、一〇〇年先も顧客が求めるものを提供し、人々を幸せにできる企業を応援することである。利潤は投資の結果であって目的ではないのだ。

そうした哲学が、彼の発言には色濃くにじみ出ている。「バフェット語録」と言われる一連の名言は、投資の成功のみならず、ビジネスの成功や人生の目的について非常に多くの示唆に富んでいるのだ。そのため、単にその運用益にあやかりたい「金目当て」の人々だけでなく、事業の成功を目指す経営者や、より良い社会の実現を目指す篤志家、政治家など幅広い人々が彼を慕って集まり、彼の言葉に耳を傾けるのだ。

② イングランド銀行を潰した男――ジョージ・ソロス

バフェットが長期スタンスで企業への投資を行なう「静の投資家」とすれば、ジョージ・ソロス（八五歳）はその真逆を行く「動の投資家」だ。彼が立ち上げた「クォンタム・ファンド」は、一九七三年からの一〇年間で四二〇〇％のリターンを叩き出し、四〇年以上もの長期に亘って年平均利回り二〇％以上を維持している。ヘッジファンドの世界では他の追随を許さない圧倒的なパフォーマンスだ。

ソロスと言えば、やはり最初に来るのが「イングランド銀行を潰した男」という異名だ。一九九二年に起きた「ポンド危機」において、英国の中央銀行であるイングランド銀行を相手にポンドの売り浴びせで勝利したことがその由来だ。

一九九〇年代初め、英国は他の欧州諸国に比較しても経済が低迷していた。一方で、欧州では通貨統合を目指してＥＲＭ（為替相場メカニズム）が導入され、英国も一九九〇年からこれに加入していた。ＥＲＭとは、通貨統合に向けて加盟各国間の為替レートを一定範囲内に固定する仕組みで、ある種の固定相場制度である。ソロスは英国のこの状況にねじれがあると踏んだ。景気低迷下にもかかわらずＥＲＭによって事実上固定されていたスターリング・ポンドは、英国の経済力にそぐわない高値に固定されていると考えたのだ。虎視眈々と機をうかがっていたソロスに、いよいよ絶好の機会がやってくる。

一九九二年七月、かねてから景気が後退していたイタリアが、自国経済の防衛のため通貨リラの七％切り下げを決定すると、時期の到来をかぎつけたソロスはついに動き出す。高値に張り付いていた英ポンドを、一気に売り浴びせたのである。ＥＲＭで規定された一定幅の為替レートを堅持すべくイングランド銀行がポンド買い介入で応戦、事実上ソロスとイングランド銀行のマッチレースとなった。九月一六日、イングランド銀行は金利を断続的に引き上げて応戦したものの、ポンド売りがやむことはなかった。実は、この時ソロスは、一〇〇億ドルもの資金をポンド売りに集中させ、徹底的に売り浴びせたのだ。完膚

「イングランド銀行を潰した男」ジョージ・ソロス。
収益機会を見出すと、手加減なく徹底的に戦う。
（写真提供　ＣＴＫ／時事通信フォト）

なきまでに叩きのめされ、イングランド銀行は敗北した。翌一七日、英ポンドはERMを正式に脱退し、変動相場制に移行した。ソロスはこの一戦で一滴残らず利益を吸い上げ、わずか二ヵ月あまりで一〇～二〇億ドルの利益を上げることに成功したのだ。

中央銀行を打ち負かしたという事実は、世界中の金融関係者、そして政府関係者を震撼させた。その強烈なイメージから、以後ソロスと言えば「クラッシュ・メーカー」（暴落仕掛人）のようなイメージが定着した。一九九七年、アジア金融危機で苦境に陥ったマレーシアでは、マハティール首相（当時）がソロスを名指しで批判した。実のところ、ソロスはこの時マレーシア・リンギットの売りポジションを持っておらず、逆に買い持ちをしていたと言われている。しかし、彼に対する強面のイメージは根強く、「金融危機の裏にソロスあり」と信じる人はかなり多い。

ソロスの投資手法は、グローバル・マクロ戦略の一種に分類される。「市場は常に間違っている」という信念のもと、恣意的に捻じ曲げられ、あるいは不自然になっている市場を徹底的に攻略する。市場の弱点を一点突破する、超攻撃的な投資スタイルと言えるだろう。

こうして書いてみると、ソロスは強欲で血に飢えた好戦的な人物のように見える。しかし彼の人となりは、その苛烈極まる手法とは裏腹に哲学者然としたものだ。それもそのはず、若き頃のソロスは哲学者を志し、ロンドン・スクール・オブ・エコノミクスで哲学の博士号まで取得しているのだ。「市場は常に間違っている」という考え方は、彼が師と仰ぐ科学哲学者カール・ポパーの哲学によるところが大きい。その発言も投資ノウハウというより意味深長な哲学的なもので、「投資哲学者」（あるいは投機哲学者）という方が相応しいものだ。

③日本破綻に賭ける男――カイル・バス

さて、ここで私が注目する投資家をもう一人だけあげておこう。「日本破綻に賭ける男」の異名を持つカイル・バス（四六歳）だ。

彼が得意とするのが「バブル崩壊」を予測して売り建てする戦略で、広い意味では「ショート・バイアス」戦略と言えるだろう。二〇〇七年～二〇〇九年のサブプライムバブル崩壊と一連の金融危機をみごと的中させ、彼が運用するファンドの資産は七倍近くに膨らんだ。ほとんどの金融関係者がこの危機を事前に回避できず、瀕死の重傷を負う中、その慧眼に世界中から注目が集まった。

彼のすごみは、高い分析力と投資判断への信念にある。二〇〇六年当時、危機到来近しと確信したカイル・バスは、自身のファンドで売りポジションを立てるだけにとどまらず、関係筋に自説を説いて回ってもいた。同年一一月、彼はとある投資銀行でプレゼンを行なった。サブプライムバブルの崩壊を熱心に説いた彼に、銀行の最高リスク責任者はこう言ったという「実に面白い」。そしてこう付け加えた――「君が間違っていることを祈るよ」。それから約一年半後、カイル・バスの予測が正しかったことが、この投資銀行の破綻という最悪の形で証明される。

この投資銀行とは、後に経営破綻したベア・スターンズ、当時全米第五位の規模を誇る大企業で、カイル・バスの古巣だ。すでに融資先の焦げ付きや差し

「日本破綻に賭ける男」カイル・バス。
高い分析能力には、金融筋のみならず政府関係者も注目する。

押さえが顕在化していたこの時期、ベア・スターンズはサブプライム・ローンを含む合成債務担保証券（CDS：非常に簡単に言うと、極めて高リスクなサブプライム・ローンと、社債や国債など低リスクなものを混ぜて作った一見安全に見える証券）を一五〇億ドルも保有していた。危機意識が完全に欠如していたのか、はたまた危険とわかっていて「降りられない」状態だったのか。

しかし、コトはベア・スターンズだけの問題ではなかった。ほとんどすべての金融機関が、サブプライム・ローンの崩壊とそれを含む合成債務担保証券の焦げ付きに対処できなかったのだ。日本でも、みずほフィナンシャルグループがバブル末期の二〇〇六年にサブプライム・ローンの証券化事業に参入し、わずか数年で六七二〇億円もの損失を出した。

金融のプロ中のプロ達にすら読み切れなかった危機の到来を、カイル・バスは的確に予見していたのだ。

彼のすごみはこれにとどまらない。サブプライムバブル崩壊とリーマン・ショックを予想して巨額の利益を上げた後に目を付けたのは、欧州の債務危機だ。彼は、様々なルートを駆使して各国の財政状況やＧＤＰに対する債務比率、主要銀行の保有資産内訳などを調べ上げ、アイスランド、アイルランド、ギリシャが危機に陥ることを突き止めたのだ。結果はご周知の通り、ここに挙げた三国はすべて債務危機に陥った。そして彼はこの一連の危機でも莫大な利益を上げた。ソロスとはまた違った形で市場のゆがみを見抜き、狙い撃ちするカイル・バス。その手腕は、金融関係者のみならず政府関係者も高い関心を寄せ、リーマン・ショック後には米議会が公聴会を開いて彼から話を聞いたほどである。

二〇一三年夏、私は彼への単独取材を敢行した。世界経済の動向から危機予測の手法、日本の財政問題やこれからの経済動向など、多岐におよんだ話のいずれもとても興味深いものだった。彼の人となりは穏やかで実直そのもの、成金趣味のかけらも感じられなかった。予定時間を超えるインタビューにも嫌な顔一つせずに応じてくれ、しかもインタビュー後には彼行きつけのレストランで食事まで振る舞ってくれたのだ。残念ながら彼が予想した日本国債暴落はいまだ起きていないが（もちろん、日本人にとってはいいことなのだが）、「そのトキは近い」ということを説得力ある材料で説明してくれたことがとても印象に残っている。そして、帰りぎわの私に非常に意味深げにこうささやいた——「決して政府を信じない方がいい。危機は突然やってくる‼」。

ここ数年内に世界的な経済大変動が起きる可能性は高まっている。カイル・バスは、虎視眈々とその機を見計らっていることだろう。彼が更なる名声をとどろかせる日は近い。

❖コラム　天才投資家は皆、哲学者

先に挙げた代表的な著名投資家は、いずれも思慮深く知的で物静かな、哲学者然とした人物だが、実は成功を持続している投資家はおしなべて哲学者的、あるいは科学者的な気質を持っている。私が全幅の信頼を寄せるチャート分析専門家の川上明氏も、投資とは「仮説を立て実践して結果を検証するという行為の連続」と話す。それはまさに科学的アプローチだ。遺伝学の父メンデルは、遺伝の法則という仮説を検証するため莫大な交配実験を行なったという。前出の投資家たちや川上氏のアプローチもまさにこれと同じものだ。

プロの投資家にとって投資とは、市場分析を元にある仮説を立て、トレードした結果生じた損益の原因を振り返って自らの手法を修正、改善するというプロセスのことだ。そこには、短期的な損益による感情の揺れが入り込む余地はない。経済・金融に普遍的な法則があると仮説を立て、実際に投資を通じて実証していくというやり方は、ある種の哲学的、あるいは科学的な意味での修練を伴う。著名投資家たちが投資を行なう過程で哲学者的、科学者的な傾向を持つことはある意味自然なことなのかもしれない。

プロの投資家でなくとも、こうした「投資に対して冷静たれ」という姿勢はおおいに参考にすべきだろう。

投資で負けやすい人、勝ちやすい人

面白い儲け話、天才投資家といった話をしてきたが、ここで少し目先を変えよう。私はかれこれ二〇年ほど海外ファンドへの投資を行ない、また会員制の投資助言クラブを立ち上げて、延べ数万人に投資助言を行なってきた。また、多くの人脈から様々な投資案件の情報を得て、また実際に投資も行なってきた。

長年こうした話にかかわっていると、ある不思議なことに気付く。投資で勝つ(財産を殖やす)人と負ける(財産を減らす)人、それぞれにハッキリとした傾向があるのだ。極端な場合、同じ投資案件に投資しているのに、まったく結果が違うなどということが起こり得る。ここまで来るともはや運としか言いようがないほどなのだが、彼らの話をよくよく聞くと、勝つべくして勝つ、あるいは負けるべくして負けると考えられることが多いのも確かだ。

私は、ある時点から、こうしたある種の傾向は投資をする上で心がけておくべき掟のようなものだと考えるようになった。そこで、私が見出したいくつかの「負けやすい人、勝ちやすい人」の傾向を紹介しよう。もしあなたが「負けやすい傾向、気質を持っている」と自覚したのならしめたもの。自覚できたのだから、今後そうならないよう意識しながら投資に取り組めばいいのだ。

①ルールが守れない

自分で決めた損切りラインや利益確定水準、投資の上限額などを守れない人は、明らかに負けやすい人だ。大多数の人間の心理には、「利益が出ている時は早く確定させたい」と考える一方で、「損失が出ている時はなるべく確定を遅らせたい」と考える傾向がある（プロスペクト理論）。こうした傾向に引きずられて投資をすると、得られる利益は少なく、出す損失は大きくなる可能性が大きくなってしまう。そうならないためにルールを決めるのだが、それを守れないのではどうしようもない。

投資で勝っている人は、自分の決めたルールに厳格で、目先の損益自体にはこだわり過ぎない人が多い。

②冷静になれない

目先の損益に感情を振り回されやすい人は、ハッキリ言って投資で勝つことはおぼつかない。どんな投資であれ、利益を上げる時も損失を出す時もある。もちろん、まったく欲目を押し殺して投資することなど常人にはできないから、利益が出れば嬉しいし損失が出れば悔しい。それが想定外の損失となれば、寝込んでしまうほどになるかもしれない。しかし、投資の目的は喜んだり悲しんだりすることではなく、長期的視点で勝ち越して資産を殖やすことだ。目先の結果に気持ちを縛られず、次の投資にどう活かすかが勝率をあげるキモになる。

③他人任せ

長年助言業をしていて気付くのが、世の中には他人任せな人が結構おり、しかもそれが二種類あるということだ。一つは投資判断を人任せにする人だ。売り買いの時期や投資対象・銘柄の選び方を全部人に任せたいという心理が私には正直わからないのだが、この姿勢はいただけない。重要な判断を人任せにしていると、いつまで経っても自分に合った投資判断を下せる力が身に付かないからだ。

もう一種類の人任せは、資産運用それ自体を人任せにするというものだ。私の投資助言クラブの会員様にも、自分が投資した銘柄をほとんど把握しておらず、私たちに尋ねてくるという人がまれにいる。自分の大事な資産を何に投資し、今どうなっているのかに興味がないということは、つまり自分の資産に興味がないということだ。これはまったくいただけない。手を打つべき時に手を打たないのだから、負けて当然である。今すぐに戒めるべきだ。

もちろん、資産規模が数十億から数千億にものぼる超資産家になると話は別だ。彼らは「ファミリーオフィス」と呼ばれる形態で「プライベートバンカー」と呼ばれる運用の専門家を雇って資産管理をさせることも多い。この場合、専門家は成果をあげねば報酬を得られない契約となっているため、様々な手を尽くす。これはあくまで超資産家だから成り立つ方法であって、普通の人がやれる方法ではない。

④損失を受け入れられない

投資を一攫千金の博打のようにとらえて、常に大きなリスクを背負っている人がいる一方、極端に損失を嫌う人というのも一定割合いる。そういう人の運用銘柄を見ると、ローリスク・ローリターンなものでガッチリ固めていることが多い。

しかし、これは二つの観点で逆に危険である。一つは、長い目で見てインフレや金利変動によって損失を被る可能性、もう一つは世界恐慌や国家破産などの有事に資産が大きく傷んでしまう危険性だ。特に定期預金などは、平時は極めてリスクが低いが、国家破産時は逆に最悪の結果に陥る可能性が高い。海外ファンドなどでも、低リスクのものだからといって絶対損失が出ない保証はない。ある程度損失が出る可能性があっても、その分利益の伸びも期待できるものも取り入れていった方が、資産全体で見た運用のバランスは良くなることが多い。適度にリスクを取っている方が、様々な局面に対応できる可能性が広がるのだ。

⑤コスト意識が低い

投資に勝つ人は、投資に関係するコストを含め入れた「正味利益」で考える傾向がある。投資に関係するコストとは、取引手数料や業者の仲介手数料、投資信託やファンドにおいては買付手数料、信託報酬などのことだが、税金もコストとして捉えるべきだろう。そしてこの税金こそが、実は一番重いコストになりうる。したがって、税金に無頓着な人は「正味での利益」を上げづらい人ということだ。日本の税体系は複雑怪奇だが、自分が投資や日常生活でかかわる税金については、なるべく理解を深めておいた方がいい。

❖コラム　自分を変える意識の重要性

自分の考え方ややり方に凝り固まって自分を変える意識が低い人は、ハッキリ言って投資には勝てない。勝てる人は、より良いやり方を聞けば積極的に取り入れ、自分の間違いや欠点を素直に修正することが上手い。そしてこの資質は、目先の勝ち負けだけでなく資産家になるうえではさらに重要だ。

資産家になるということは、単にお金を貯めることではない。資産家に足る自分になるということ、より噛み砕いて言えば、今と違う生活様式、行動様式、思考回路を身に付けるということだ。自分を変える意識が低い人は、それがわからないからいつまで経っても資産家になれない。

「妻と子供以外すべて変えろ」——一九九三年、サムスン会長の李健熙は、韓国の一企業だった同社を世界的な家電・電子製品メーカーに育て上げるにあたって、猛烈な言葉で社員に意識改革を迫った。この言葉に奮起し、世界的企業にふさわしい戦闘集団に変化したサムスンは、その後日本のメーカーが戦慄するほどの躍進を遂げた。

サムスンが自己変革で世界企業になったように、資産家を目指すなら自分自身をまず変えることだ。それができないなら投資に多くを期待すべきではない。

これからの投資対象は何が有利か

世の中には実に様々な投資対象があり、投資の戦略がある。それぞれ非常に奥が深く、知識を身に付け実践するのは簡単なことではない。だが、それぞれに特徴や傾向というものがある。これから新たに投資をしようとする人に、私なりの考え方をお伝えしておこう。

まず、投資といえば「株」というイメージを描く人が多いだろう。しかし、これから始める人には株はお勧めしない。何しろプロ・アマ問わず市場参加者が多く、また実に多彩な投資手法が編み出され続けている。つまりそれは、競争相手が多く情報も過剰ということで、その中で勝つには相当な勉強が必要となる。また、世界恐慌や国家破産が近年中に起きる可能性を考えると、暴落パニックに巻き込まれるリスクもある。そうした危険性や難しさも理解したうえで、大やけどにならない程度にやるなら止めはしないが、普通の人がそこまで労力を割いてもはかばかしい成果は得られないだろう。

次に「預金」だが、日本国内での預金は投資の観点ではまったくお勧めしない。前章で見てきた通り、目先は超低金利で金利はほぼゼロに等しいうえ、日本の財政リスクを考えると長期には資産を吹き飛ばしてしまうリスクを抱える。海外口座での定期預金は、たとえばニュージーランドのような財政が健全でかつ金利水準も良いところであればやる価値はある。もちろん、海外口座も刻々と状況が変わり、サービス条件が変化することもあるため、最新の情報を押さえておく必要があるだろう。

「債券」への投資もお勧めしない。日本国債やEU債は金利が低過ぎるうえ、財政リスクの顕在化でいきなり資産価値が暴落する危険をはらんでいる。米国債は、今後利上げが進めば辛うじて合格ラインだが、それならわざわざ債券投資せずとも米ドル保有でいいという話だ。社債は株同様に銘柄リスクがあり、また損益にも独特の考え方があるため株とは違った意味で勉強が必要だ。これも、あまり労力を割けない人が取り組むにはハードルが高い。

最近注目されている「不動産」での資産運用は、ここまで説明した投資対象とは別の注意点がある。不動産のもっとも懸念すべき点、それは「流動性に乏しいこと」だ。株でも債券でも、売りたい時に比較的すぐ売れるのに対して、不動産は買い手が付かない限りいつまでも売れない。ただし、私が一昨年上梓した『東京は世界1バブル化する！』（第二海援隊刊）で述べたように、東京の不動産は世界水準からするとまだかなり安い。外資による爆買いが入った今でもそうだ。だから、東京（と福岡など地方中核都市）の一等地の不動産は、投資対象としておおいに考えられるだろう。先にも少し述べたが、資産家の方なら東京の千代田区・港区などの一等地の収益物件。こういったエリアの価値は不変だ。また、このエリアは東京の中でも地盤のよい地域が多く、仮に首都圏が大地震に見舞われても、特に新耐震基準のビルであれば難を逃れられる可能性が高い。いやそれどころか、多くのビルが使用不能になる中で、残ったビルの価値は一層高まる（需要は変わらないのに、供給が一気に減るからだ）。ものの価格は需要と供給の関係で決まるのだから、地震に便乗というイメージになるかもしれないが、賃料の上昇すら期待できる。

一般の方なら、単身世帯ばかりが増える昨今、エリアを分散してのワンルームマンション投資も検討に値しよう。地方中核都市なら、数百万円から投資可能で、実質年利回り七％とか九％という数字も十分可能だ。特に、超低金利の今、固定金利で借り入れができれば、これは狙い目だ。年金制度破綻は確実。ハイパーインフレの可能性も高まりつつある今の日本。将来の年金を補うための収益不動産投資は余裕資金で考えてみることをお薦めする。

ただ、不動産に関しては絶対の鉄則がある。それは「地方を買ってはいけない」ということ、「ファミリータイプも買ってはいけない」ということだ。その理由は、もう賢明な読者はおわかりだろう。地方は人口減少が著しい。ファミリー世帯層の減少も著しいからだ。不動産の収益物件への投資でもっともわかりやすいリスクは、空室リスクだ。空き部屋では収益はゼロ、どころか固定資産税や管理費といったコストはかかるから、マイナスになってしまう。だから、たとえ今は「表面利回り一五％！」などと謳われていても、それがゼロどころかマイナスになってしまう空室リスクには十分注意しなくてはいけない。だから、地方とファミリータイプは避けた方がよいのだ。

なお、私は一昨年、第二海援隊内に不動産投資の情報提供・アドバイスを行なう事業部「ＤＫＴリアルエステート」を立ち上げた。今述べてきたような不動産投資にご関心のある方は、まずはご連絡いただきたい。とりあえずの電話相談はもちろん無料であるし、また私がもっとも信頼する外部の不動産コンサルタントの個別相談も初回は無料である（「ＤＫＴリアルエステート」ＴＥＬ：〇三―三二九一―六九〇三　ＦＡＸ：〇三―三二九一―六九九一　E-mail：

info@dainikaientai.co.jp）

また、不動産物件そのものではなく、証券化したもの（ＲＥＩＴや私募債のようなもの）への投資であれば、流動性や投資単位の面では良いかもしれないが、こういったものは割安割高の判断が難しい。

この他に、先物取引やオプション取引など、「デリバティブ」と呼ばれる投資対象もあるが、これこそ専門的過ぎて素人にはとても手が付けられるものではない。知的好奇心をそそられる方にとっては良いかもしれないが、しっかりと資産を殖やすことを考えるなら、手出しすべきではないだろう。

海外ファンドのススメ

これから投資を始めたい、という方に私がもっともお勧めする投資方法は「海外ファンド」への直接投資だ。ファンドとは、複数の投資家から資金を預かり、運用の専門家が株や債券、不動産などの投資対象に実際に投資を行なってリターンを狙う仕組みのことだ。日本でも証券会社で「投資信託」というものがあるが、基本的な仕組みはほぼ同じだ。ただ、投資信託の多くは株や債券などの買い建てのみを行なっており（売り建てのみを行なうものも一部ある）、基本的には景気動向や株価などに連動した動きをしやすい。一方、海外ファンドは実に多彩だ。株や債券の売り買いを動的におこなったり、先物やオプション市場を駆使したりといった高度な方法を用いて、市場の動きとはまったく関係なく収益をあげる（絶対収益追求型などと呼ぶ）運用手法を用いたものや、マイクロファイナンス、フィンテックと言った最新の金融手法を使ったものまで存在するのだ。日本国内では決して手に入らない運用手法を、あなたの資産運用に取り込むことができるのは大きな魅力だ。

他にも海外ファンドには多くの利点がある。そのいくつかを簡単に見ていこう。

■真のプロによる運用

まずなんといっても心強いのが、投資のプロに資金を預け、高度な手法を駆使して運用してくれる点だ。ファンド自体の特徴やメリット・デメリットを勉強しておく必要はあるが、株や債券、不動産のように長い時間をかけて知識を身に付け、あるいは相場に張り付いて取引をする必要はない。損切りなどのリスク管理もプロが徹底して行なう。またファンドによっては、個人レベルでは太刀打ちできない大規模なコンピュータシステムを使って高度な分析を行ない、さらに自動取引までさせるものもある。

ちなみに、日本の投資信託もプロによる運用を謳っているが、ハッキリ言って海外ファンドと比べるのがかわいそうなくらいに非力だ。日本のプロは多くは銀行や証券、保険会社系列の運用会社の社員で、言ってみればサラリーマンだ。あまり尖った手法を用いることはしないし、そもそも投信が利益を出すかどうかは彼らの収入とは直結していないことが多い。一方、海外ファンドのプロは、運用成績の一部が自分の報酬となる場合がほとんどだ。また、成績をあ

海外ファンドのススメ

海外ファンドのメリット

真のプロによる運用
長期視野での投資
豊富な選択肢
高い流動性

注意点

どう手続きするか
いかに情報入手するか
まとまった余裕資金を準備できるか

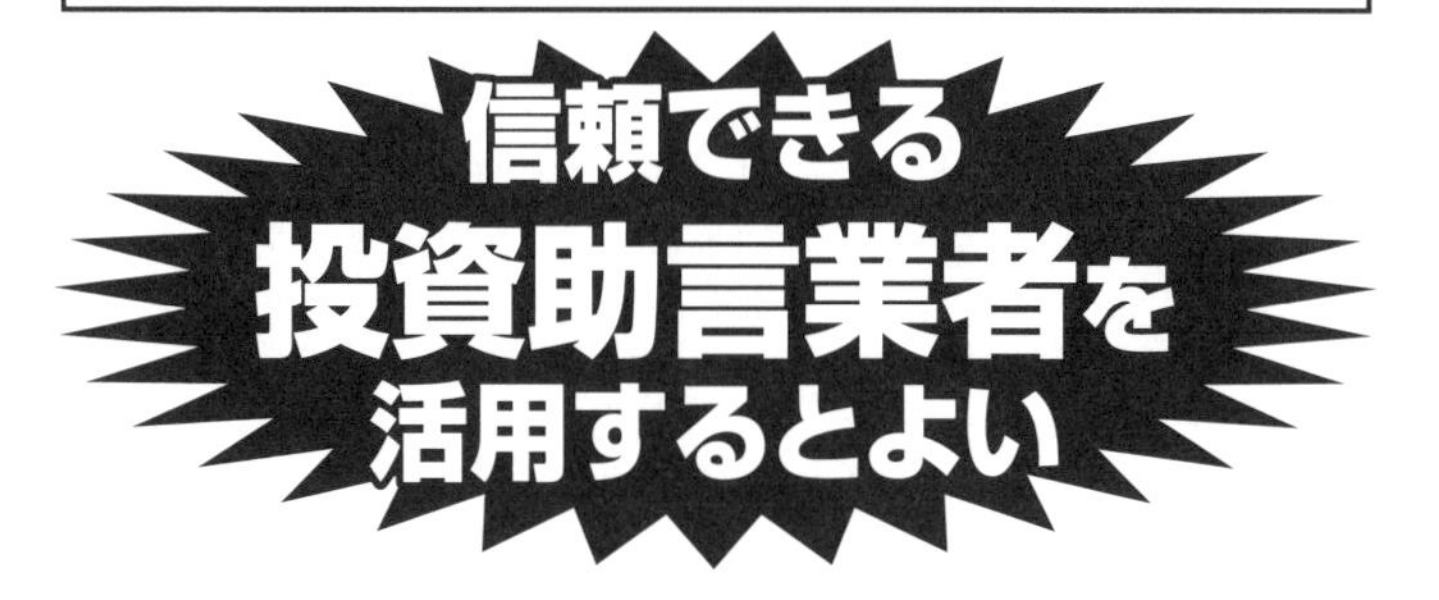

げられなければすぐに投資家から資金を引き揚げられ、最悪仕事がなくなる。だから、死にもの狂いで成績を追い求めるのだ。投資家にとって、どちらのプロがより頼もしいかは語るまでもないだろう。

■長期視野での投資

特に株などは、どうしても目先の株価にとらわれて売り買いをしてしまいがちだが、海外ファンドでは長期視野での投資に注力しやすい。その理由の一つは売買タイミングで、早いものでも日単位、通常は二週単位や月単位のものが多い。目先の上げ下げを気にしても仕方がないので、長い目でじっくりと様子を見られるのだ。もちろん前述の通り、プロの運用という安心感もじっくり取り組むことにおいては心強い。本来、資産運用とは数十年単位でじっくりと取り組むべきものだから、こうした点はおおいにメリットとなる。

■豊富な選択肢

世界中には数万から十数万のファンドが存在すると言われる。そのうち、日本人の個人投資家が投資可能なものは恐らく一割程度とみられるが、それでも数千の銘柄が投資先候補となる。しかも、単なる株の買い建てだけでなく、デリバティブを駆使して暴落相場にも逆に利益を出すものなど、実に個性的なものも存在する。もちろん、年利回り数十％というような日本では考えられないような高い利回りを誇るものもある一方、五％前後の利回りながらほとんど下落せずに着実に成績を積み上げるものまであるのだ。こうした豊富な選択肢の中から、自身の運用スタイルに合った組み合わせを行なえるのは魅力的だ。

■高い流動性

不動産投資のところで「流動性の乏しさ」（換金性の悪さ）はリスクになることに触れた。海外ファンドでは、売買タイミングがあらかじめ決まっているものの、買付や解約には確実に応じてくれる点（高い流動性）もメリットだ。

ファンドは複数の投資家から多額の資金を預かっているが、その資金の一部のみを実際の投資に使っていることが多い。万が一、リーマン・ショックのような金融パニックになって、最悪市場から資金を引き揚げることが困難になった場合でも、投資に回していない資金を使って解約に応じることができるのだ。ファンドによって、こうした流動性の確保の仕方は異なるが、現金化が容易という点も、投資家にとっては極めて魅力だ（ただし、ファンドによっては金融パニック時などで市場の流動性が悪化すると、部分的に資産凍結して全解約ができなくなるものもあり、注意が必要）。

海外ファンド投資の注意点

こうした様々なメリットがある海外ファンドだが、いくつか注意も必要だ。まず、手続き面だ。ほとんどの海外ファンドは、国内金融機関から買付することができないため、自身で直接ファンド会社に連絡し、所定の買付・解約手続きを踏む必要がある。手続き書類は英語で書かれていることがほとんどで、記入も英語が基本だ。しかし、実はあるカ所さえ押さえればほとんどの方が投資を行なうことができる。

もう一つ重要な点は、ファンドに関する信頼できる情報をいかに入手するかだ。ファンド会社が公表する情報はもちろん重要だが、関係する市場の動きに合わせてファンドがどう動くのか、といった見通し、海外ファンドに関係する国内税制や金融規制などについても最低限知っておく必要がある。自分でこういった情報を集めるのは実は結構な労力がかかる。

また、海外ファンドはある程度まとまった額が最小投資単位であることがほとんどだ。少ないもので一万ドル（約一一〇万円）から、大きいものだと一〇〇万ドル（一億一〇〇〇万円）やそれ以上のものもある。銘柄を複数分散することを考えると、五万ドル程度は余裕資金があった方が良い。

しかし、心配することはない。こうした注意点のうち、手続き面や情報入手については「投資ノウハウ」を提供してくれる会社がある。いわゆる「投資助言業者」というものだ。現在、日本国内では約一〇〇〇社の投資助言業者が登録されているが、海外ファンドに強い業者を使えば、こうした注意点は一挙に解決できる。もちろん、資産自体のバランスなどを考慮したファンド投資のアドバイスを行なえる業者であれば、あなたの資産運用はさらに充実したものとなるだろう。

なお、私が主宰する二つの会員制投資助言クラブでは、まさにこうした「投資ノウハウ」や資産バランスに応じた投資のアドバイスを行なっている。巻末に概要を掲載しているので、もし興味があればぜひともご参考いただきたい。

投資をする上で必要なこと

ここまで投資について具体的な話をしてきたが、最後に投資をするにあたって必要なことをいくつかお話ししよう。

①健康管理

「健康は富に優る」とはよく言ったもので、投資を成功に導くもっとも重要な要素は健康だ。長い期間健康に過ごしていれば、それだけ投資を成功させる確率が上がるからだ。また、病を患うと精神的に不安定になり、重要な投資判断に悪影響をおよぼす。認知症や脳疾患になれば、そもそもその判断すらできなくなってしまうだろう。闘病のために費やすお金や時間は、せっかくの投資の労力を減らしてしまう。闘病に費やす出費を考えれば、病気にならないように自分の健康にお金をかけることは非常に有利な投資といえるだろう。私ははた目から見れば少し異常と思われるほど自分の健康には気を使い、また財を投じているが、それは投資にせよ仕事にせよ、何をするにも健康こそが何よりも重要であることをよく知っているからだ。

かの徳川家康が天下を統一できたのも、健康で長生きできたからこそだ。その家康は稀代の健康オタクであった。あなたも、自分の投資を成功させたいなら可能な限り自分の健康に投資をすべきだ。

②投資哲学

天才投資家たちのところで触れた通り、投資には哲学がいる。雰囲気任せ、他人の情報任せではなく、自分なりの判断基準を確立することが大切だ。損失を出すことは失敗ではなく経験である。回復可能な失敗を数多く経験し、その中から自分なりの哲学を確立して欲しい。また、世の中を見渡せば実に様々な投資対象、投資機会がある。それぞれに特徴があり、人によって合う、合わないもある。やってみて自分に合わないと感じたら、その理由をきちんと分析して、場合によっては潔くやめることも必要だ。投資に対する考え方を実践的に磨いていけば、長期的な投資成功の確率は上がっていく。

③お金を好きになる

非常に平たい表現だが、実はとても重要なことだ。あえて「好きになる」と言ったが、「興味を持つ」と言い換えてもよい。つまり、投じたお金がどう動き、使われ、稼ぎ、自分の元に戻ってくるのか、その間に手数料や税金がどの程度引かれているのかなど、とにかく興味を持つことだ。すると、おのずとお金に対する感覚が研ぎ澄まされ、良いタイミングをつかみやすくなる。これと真逆な態度が「無関心」だ。たとえ優良とされる銘柄に投資をしても、お金に無関心であればその銘柄の推移には目もくれないだろう。どんなに優良な銘柄も常に右肩上がりはあり得ない。無関心だった結果、機を逸して大事な利益の機会を失うことにもなりかねない。

④軍師を味方に付ける

戦国時代の名だたる武将には、必ずと言っていいほど名軍師がいた。戦国の世を生き抜くにはあらゆる手を打つ必要があるが、いかに名将といえども万能ではない。だから武将の足りないところを補い、諜報や計略といった裏方を支える軍師の役割は死活的なものなのだ。

現在の投資環境も、まさに戦国時代の様相だ。その中で一国一城の主として投資を行なうなら、良い軍師を付けた方がいい。いかにあなたが勉強熱心でも、四六時中投資のことに取り組めるわけではないし、個人で情報収集するにも限りがある。しかし、「投資助言者」という軍師を付ければ、あなたに足りない部分や考えもしなかった着眼点を補ってくれるだろう。

⑤生きた経済を学ぶ

経済を学ぶ、と言うと大学で経済学を取ることのように考えがちだが、決してそうではない。確かに、座学で得られる知識にも一定の価値はあるが、投資の実践において必要なのは「活きた経済の知恵」と言うべきものだ。それはどちらかと言えば歴史の中に埋もれているし、日々の経済のニュースの間にあるものだ。人間が、どんな経済状況下でどういう思惑を持ち、どんな行動をし、その結果どうなったのか——歴史とは存外に普遍的なもので、過去に起きたこと、それによって人々が被ったことは意外なほど繰り返される。そうした人間の営みの中から、投資の糸口を探っていくことこそ、本当の意味での学び足りえるものだ。

ここまでで、いろいろな切り口からお金を殖やすための基本的な知識に触れてきた。私がもっともお勧めする「海外ファンド」については、第五章、第六章でさらに詳しく解説しているのでぜひ参考にしていただきたい。また、ここで挙げた投資の心得は基本にして王道である。折に触れて読み返し、しっかりと肝に銘じて投資に取り組んで欲しい。

あなたが充実した投資生活を送られんことを切に願う！

第三章　世界の笑いもの

――日本の後進国的金融事情

東京に国際金融センターなど絶対にできない

今、日本で金銭感覚がもっとも問題になっている政治家と言えば、舛添要一前東京都知事であることに誰も異論はないであろう。超豪華な海外出張に始まり、政治資金の私的流用疑惑や公用車による別荘通いなど、次から次へと庶民感覚からはとても考えられないお金に関する疑惑が出てきた。

このお金に関するムチャクチャな感覚を有する舛添氏が都知事就任当時の威勢の良かった頃ぶち上げていたのが、「東京国際金融センター構想」だ。世界中から人材、資本、情報が集まるグローバルビジネスの場として東京を生まれ変わらせ、ニューヨークのウォール街やロンドンのシティと並ぶ世界の金融センターにしていこうという壮大な構想だ。

舛添氏は二〇一五年七月一四日にブルームバーグが開いたセミナーにおいて、次のように語っていた。「長引くデフレ下で、外資系金融機関が拠点をどんどん閉鎖し、シンガポールにアジアの金融ヘッドクオーターを取られてしまった。デフレから脱却しつつある今、アジアのハブ機能を取り戻す。日本橋に国際金融センターを開く。シンガポールに拠点が移ってしまった理由として言語の問題があるが、東京都は企業開設書類などについて英語ですべて処理していいという風に変えつつある」。

これを読まれて、読者の皆さんはどう感じられただろうか。大問題となった舛添氏の金銭感覚はともかく、この壮大な構想には感心されただろうか。——私はまったく感心しなかった。それどころか、「悪いけど、この人、国際金融がまったくわかっていないな」とあきれて眺めていた。

私は毎年二回シンガポールに行く。ヨーロッパもロンドンやスイスを中心に年一回は行く。アメリカにも数年に一度は足を運ぶ。こうして世界を股にかける生活を、二〇年以上も続けている。経済ジャーナリストとして行くのだから、当然シンガポールでも欧米でも現地の金融事情は調べ尽くす。その上ではっきり言うがロンドンやスイス、あるいはアメリカやシンガポールの金融というのは、日本人が知る金融とはまるで別世界なのだ。

ロンドンのシティは、単なる金融街ではない

『タックスヘイブンの闇』（朝日新聞出版刊）を著したニコラス・シャクソンによれば、世界のタックスヘイブン（租税回避地）は主に三つのグループに大別できる。一つはヨーロッパ（スイス・ルクセンブルク・オランダなど）、二つ目は後述するがアメリカ。そして三つ目が世界最大のタックスヘイブン、シティ・オブ・ロンドン、通称「シティ」（注：言うまでもないだろうが、「シティバンク」とはまったく異なる）を中心とするイギリス圏で、おおまかに言うとかつての大英帝国を軸に形成されている。シャクソンはズバリわかりやすくこのように説明する。

——金融街シティを中心に何重かの同心円状に旧植民地が情報公開を拒

む『クモの巣』を作り、租税回避地にブラックマネーが流れ、洗浄されてロンドンに還流される。海外領土が『怪取引の外注先』としてペーパーカンパニーを介して取引され、〝脱税〟は行われる。

（産経新聞二〇一六年五月三日付）

ここで、シティについて説明しておく必要があるだろう。シティの何たるかを知らないと、「東京を世界の金融センターに」などという寝ぼけた話が出てきてしまうからだ。

ロンドンのシティはニューヨークのウォール街としばしば比肩されるが、その実態はまったく異なる。ウォール街は、金融機関が集積するニューヨーク市の一区画に過ぎない。それに対してシティは、ロンドン市（グレーターロンドン）の行政の一部であると共に、中世からの長い歴史の中で数々の特権を認められた〝自治都市〟でもある。ロンドン市はシティよりはるかに大きな行政区で、シティを含んでいるが、シティに関する権限はまったく持っていない。シティのトップは「ロード・メイヤー」であり、女王陛下でさえシティに入るには、ロード・メイヤーが出迎えるのを待たなくてはいけないのだ。

シャクソンによれば、そのシティを中心にした大英帝国のタックスヘイブンは、その周囲に三つの環を描いて形成されている。一番内側の環はイギリス本土に近いジャージーなどの王室属領。次の環が先ほどから述べてきた英領バージン諸島やケイマン諸島、バミューダといった中米のタックスヘイブン。その外側に位置する三つ目の環は、現在はイギリスの直接的な支配下にはないが、歴史的にはもちろん現在もなおイギリスと、またシティと強いつながりを持っている香港などだ。国際決済銀行（ＢＩＳ）のデータによれば、二〇〇九年六月にはこの大英帝国のタックスヘイブンのクモの巣全体のオフショア銀行預金残高は、推定で三兆二〇〇〇億ドルと世界の総額の約五五％を占めていたという。

なぜ、このような巨額なマネーを引きつけることができるのか。シャクソンによれば、シティにはこういう古い格言があるそうだ。「ジャージーに行くか、ジェイル（監獄）に行くか」。ダーティービジネスをやりたいがつかまりたくはないと思うなら、イギリスから周囲に環状的に張り巡らせたクモの巣に出ていってやればいい、という意味だそうだ。こういった王室属領や英領は当然イギリス本国の支援と支配を受けているが、住民代表の立法議会があるなどそれ相応の高度な自治権を有している。そのため、これらのタックスヘイブンを使った不正について他国がイギリスに苦情を申し立てた時に、イギリスは「わが国にできることはない。わが国は介入する立場にない」と主張できるのだ。表の主役であるロンドンの金融街シティと裏の主役である王室属領・英領のタックスヘイブン、持ちつ持たれつというわけだ。

第三の環についても、興味深い事実がある。かの「パナマ文書」は国際調査報道ジャーナリスト連合（ＩＣＩＪ）がドイツの新聞社『南ドイツ新聞』を通じて入手したのだが、そのデータ量が二・六ＴＢ（テラバイト）と非常に巨大なものであるため、世界八〇ヵ国・一〇七社の報道機関に所属する約四〇〇名のジャーナリストがこの文書の分析に加わった。

その分析の結果わかったことの一つは、パナマの法律事務所モセック・フォンセカの業務の三割近くが、香港と中国本土の事務所によるものだということだ。つまり、モセック・フォンセカにとって中国が最大の市場で、香港がもっとも忙しい事務所というわけだ。

読者は先に名前を挙げた世界の権力者の中で、中国要人がひときわ多かったことを思い起こされたことだろう。そして、中国は法治国家ではなく人治国家。人治国家には当然、賄賂や裏金は付き物だ。世界第二位の経済大国になった中国が世界最大の裏金大国であろうことは想像に難くない。中国要人はタックスヘイブンにとって垂涎の的のお客様ということができる。そして同時に、隠し資産を山ほど抱える中国要人にとっても、タックスヘイブンほどありがたいシステムはない。ここに中国要人とシティを中心としたタックスヘイブンとのウィン・ウィンの関係が構築されたのである。

パナマ文書で有名になった「英領バージン諸島」とは

この世界を震撼させたパナマ文書。世界中の権力者や超富裕層がタックスヘイブン（租税回避地）を利用して資産隠しをしていたことが今も大きく騒がれている。アイスランドのグンロイグソン首相（当時）は、妻と共同で英領バージン諸島のペーパーカンパニーを購入し、それを利用して投資していたことが明らかになり辞任に追い込まれた。これまで課税逃れを厳しく追及してきた英国のキャメロン元首相は、二〇一六年四月七日になって亡父がタックスヘイブン（租税回避地）に設けたファンドに自身も投資していたことを一転して認め、厳しい批判にさらされた。今回名前が出た世界の要人は、他にも習近平・中国国家主席（の義兄）、毛沢東・元国家主席（の親族）、胡耀邦・元総書記（の息子）、李鵬・元首相（の娘）、プーチン・ロシア大統領（の親友）などなど、まさに世界トップの面々である。主要国以外でもアルゼンチンのマクリ大統領、サウジアラビアのサルマール・ビン・アブドゥルアズィーズ国王、アラブ首長国連邦のハリーファ大統領、ウクライナのポロシェンコ大統領など、現職トップ自身の名前がぞろぞろ出てきた。興味本位のところでは、サッカーのスーパースター、メッシ選手や香港の俳優ジャッキー・チェンも名前が挙がった。ジャッキー・チェンは、英領バージン諸島にある六つのダミー会社の株主になっていると報じられた。

まあ、政治家であろうと芸能人であろうと、そんなことは大した問題ではない。注目していただきたいのは、アイスランドのグンロイグソン首相（当時）の場合もジャッキー・チェンの場合も、使われた舞台は英領バージン諸島であるということだ。

パナマ文書は、富裕層のためにタックスヘイブン法人の設立支援を行なっていた中米パナマの法律事務所「モセック・フォンセカ」の内部文書であるが、それによればもっとも多く利用されているのが英領バージン諸島で、モセック・フォンセカの顧客の会社が実に一一万社も存在する。そんなに多くの会社が存在する島なのだが、人口は三万人強しかいない。面積も一五三平方キロメートル。ということは、一辺一二キロメートル強の正方形くらいの面積しかない。そんな狭い土地で人口も少ないのに、なぜモセック・フォンセカの顧客の会社だけで一一万社も存在するかというと、それらの会社とはペーパーカンパニーだからだ。社員などいない。形だけだ。

タックスヘイブンの実態調査をした経験のある証券取引等監視委員会の佐々木清隆事務局長は、二〇一六年五月一六日付 WEDGE infinity のインタビューの中で、次のように実態について述べている。

ペーパーカンパニーなので登記簿を見て代表者や役員が誰なのかを調べる。だが、多くの場合、名前が出ているのは名義を貸しただけのことが大半で、真の所有者が誰なのか、背後に誰がいるのかを突き止めるのが難しい。

（WEDGE infinity 二〇一六年五月一六日付）

そうなのである。真の所有者が誰なのか、背後に誰がいるのか突き止めることは難しい。だからこそ、世界中の超富裕層がこぞってこの仕組みを使って資産隠しをしていたわけであるし、だからこそ、「真の」「背後の」存在の名前が表に出たパナマ文書は世界を揺るがしたのである。

さて、先程からたびたび出ているこの英領バージン諸島であるが、英領というが存在しているのは中米だ。キューバの東、ベネズエラの北といえばその大体の位置をイメージしていただけるだろうか。ちなみに、英領バージン諸島はバージン諸島の東側半分であり、西側半分はアメリカ領のバージン諸島だ。

なぜ、そんなところに英領があるかといえば、一言でいえば帝国主義の残滓である。いや、残滓といっては失礼だ。それこそが金融立国イギリスを支えているのだから。かつて大英帝国として世界中に植民地を保有した英国は、今でもカリブ海や大西洋などに一四の海外領を保有。本土周辺には、ジャージーなど三つの王室領の島々がある。これらが世界のタックスヘイブンの中核であり、金融立国イギリスの陰の主役なのだ。

パナマ文書になぜ米国の政治家は出てこない？

世界を激震させたパナマ文書だが、不思議なことがある。米国の政治家の名前が一人も出てきていないことだ。

パナマは米国にほど近い中米の国である。通貨は米ドルにすべて依拠し、自国の通貨主権は放棄している。もっと言えば、米国の裏庭とも呼ばれ、米国の影響下にあるタックスヘイブンだ。当然、米国の政治家だってここを利用して蓄財している者はいるであろう。にもかかわらず、なぜ米国政治家の名は一人も出てこないのか？

これに関して、匿名により機密情報を公開するウェブサイトとして名高いウィキリークスは、パナマ文書の流出には米国務省の監督下にある米国国際開発庁（ＵＳＡＩＤ）とアメリカの投資家のジョージ・ソロスがかかわっているとTwitter上で発表した。ウィキリークスだけではない。世界最大の英文ビジネス誌『フォーチュン』は二〇一六年四月一三日付電子版で「銀行内部告発者は、ＣＩＡがパナマ文書リークの後ろにあると信じる」と題する記事を掲載した。この銀行内部告発者とは、ＣＮＢＣ（ニュース通信社ダウ・ジョーンズとアメリカの大手テレビネットワークの一つＮＢＣが共同設立したニュース専門放送局）が「もっとも重要な金融内部告発者」と評するブラッドレー・バーケンフェルド。

バーケンフェルドは、かつてスイスの大手銀行ＵＢＳに勤務していたことがあり、秘密口座による脱税を内部告発した人物だ（そのＵＢＳ事件の極めて重大な影響については後述する）。氏は「パナマ文書の背後にはＣＩＡがいると確信している」とＣＮＢＣに語った。そしてその理由として、ＮＳＡ（国家安全保障局）やＣＩＡであれば、確かにこのような法律事務所の中に入ることができると述べた上で、やはり槍玉に挙がった人々の国籍を指摘している。「ここで表に出ている名前は米国の敵とされる国々ばかりで、米国の名前は一つも出てこないという間違いない事実。それはなぜであるか？」（キャメロン元首相のイギリスも米国の敵か？　といぶかしく思われた読者もいるかもしれないが、敵なのである。それについては後述する）。

パナマ文書流出は米国の策略――こういう論を展開する雑誌・ジャーナリストは日本にもいる。その一人である国際ジャーナリストの丸谷元人氏は、月刊誌『ＶＯＩＣＥ』六月号で「『パナマ文書』で始まる金融覇権戦争」と題する非常に興味深い論考を寄稿している。その中で、丸谷氏もやはりジョージ・ソロスと米国国際開発庁（ＵＳＡＩＤ）の名前を挙げ、ウィキリークスより詳細に次のような解説を行なっている。

ソロス財団と米政府は『オトポール！』（浅井隆注：米国から資金援助を受けユーゴスラビアなどで政権打倒活動を行なった組織）を通じて、外国政府転覆のための共同作戦を行なっていたわけだが、さらに興味深いのは、この『オトポール！』を支援する『米国国際開発庁』が、今回『パナマ文書』を徹底調査したＩＣＩＪと提携する『組織犯罪・腐敗報道プロ

ジェクト（ＯＣＣＲＰ）』に対する資金援助をも行なっていたという事実である。（月刊誌『ＶＯＩＣＥ』二〇一六年六月号）

丸谷氏も「ソロスと米政府の共同作戦」だというのだ。さらに丸谷氏は、真の目的は「金融帝国による覇権の復活」だとして、ドイツの金融専門家エリスト・ヴォリファが『スプートニク』（浅井隆注：ロシアの通信社）のラジオ放送において語った言葉を引用している。パナマ文書の目的とは、「ただ米国内のタックスヘイブンに資金を流入させることだ」（月刊誌『ＶＯＩＣＥ』二〇一六年六月号）。そう。先にも少し述べたが、米国自体も世界の三大タックスヘイブングループの一つなのだ。

いや、今は「三大タックスヘイブングループの一つ」どころではない。米国こそが、世界最大のタックスヘイブンの座を奪おうとしているのだ。

米大企業の六六%が「本社」を置くタックスヘイブン「デラウェア州」

ニューヨークからもワシントンからも車で二時間くらいの距離にあるデラウェア州。米国で二番目に小さな州で（栃木県とほぼ同じ面積）人口も約九四万人しかいない。こんな州であるが、際立った特徴を持つ。米国の主要企業五〇〇社のうち、実に六六%がこの州に登記上の本社を置いているのだ。

なぜか。もうおわかりだろう。デラウェア州は米国内のタックスヘイブンなのだ。タックスヘイブン・デラウェア州の実態について、二〇一六年五月一〇日付朝日新聞から引用しよう。

米東部デラウェア州のウィルミントン。人口約七万人の街の目抜き通りを抜けると、「ノースオレンジ通り一二〇九番地」に行き着いた。薄茶色の二階建ての建物は、企業設立の代行業者ＣＴコーポレーショ

ンが所有する。
　同州によると、この建物は約三一万五千社の企業の登記上の住所になっている。英ガーディアン紙によるとアップルやウォルマートなど大企業のほか、米大統領選の有力候補のクリントン前国務長官や不動産王のトランプ氏の関連会社もこの住所で登記されている。（中略）
　人口約九四万人の同州全体では、一一八万社が登記されている。昨年、登記された会社は過去最高の約一七万八千社で、一日あたり平均四八七社が設立されたことになる。企業に関する各種の税や手数料などの収入は一〇億ドル（約一〇八〇億円）を超え、州の歳入の約四分の一を占めている。
　同州に企業が殺到する理由の一つは、税制上の優遇措置があるからだ。州の法人税（八・七％）はあるものの、州内で実際の事業をしていなければ法人税はかからない。著作権などの収益にかかる税金はゼロ。（中略）

また、デラウェア州では裁判所や州政府のサービスの充実に加え、実質的な所有者の情報などを出さずに簡単に企業が設立できる。会社設立の書類は最少で二ページだけ。会社名や住所を記入し、千ドルほど払えば一時間ほどで会社が作れる。

（朝日新聞二〇一六年五月一〇日付）

米国のタックスヘイブンはこのデラウェア州を嚆矢とするが、近年はネバダ・ワイオミング・サウスダコタといった各州も新たなタックスヘイブンとして注目されるようになってきている。これら三州とも法人地方税・個人住民税がなく、州内登記企業は手厚い守秘の壁に守られているのだ。

スイスも英シティも叩き潰した米国

信頼できるタックスヘイブン情報筋はこう述べる。「米国はすでにヨーロッパ等から『新しいスイス』として注目され、ヨーロッパ等から資金が大量に流入しているという実態もあるようだ」。なぜ、米国にマネーが流入しているのか。なぜ他のタックスヘイブンではいけないのか。それは、米国が他のタックスヘイブンを力づくで叩き潰したからである。

今回のパナマ文書は、英シティを中心としたタックスヘイブンがもはやマネーのラストリゾートではないことを見せつけたものだ。そしてその前、米国はかつて秘密口座で名を馳せたスイスの銀行を完全に無力化している。

月刊『選択』二〇一六年五月号は、「米国こそ世界最大の『租税回避地』」と題してタックスヘイブン大国・米国の実情を報じているが、その中で「米国が解体したスイスの脱税天国」という小見出しで米国の国際金融戦略を詳細に伝えている。そこには、「パナマ文書の背後にはCIAがいると確信している」と発言した、元スイス・UBSのブラッドレー・バーケンフェルドも登場している。同誌から引用しよう。

米国のタックスヘイブンとしての強みは、デラウェアなど租税回避州の存在だけでは説明できない。過去十年以上にわたり、米政府は自国の税務・金融当局や経済開発協力機構（ＯＥＣＤ）などの国際機関を使って、スイスやカリブ海の島々など「ライバル」を次々と蹴落としてきた。

〇八年に発覚した、先述のＵＢＳ事件はその好例だ。ＵＢＳやクレディ・スイス、さらにスイス国内のプライベート・バンクは、いわゆる「スイス銀行」として長年、世界中の富豪のタックスヘイブンだった。顧客情報の徹底的な守秘がその基盤だったが、ブッシュ、オバマ両政権は、ＵＢＳ事件を契機に、「守秘を貫くなら、米国で商売をさせない」という強硬姿勢でスイスと対決した。

スイス各行は円換算で数千億円もの「和解金」を米当局に支払わされた。告発者バーケンフェルドは自身も脱税幇助の実務をした罪で、懲役三・三年の刑を受けたが、報奨金として八十億円以上を手にした。

一〇年には、「外国口座税務コンプライアンス法（通称ＦＡＴＣＡ）」が米国で成立した。この法律によると、米国人が海外の銀行に口座を設けた場合、当該銀行はその情報をすべて米国内国歳入庁（ＩＲＳ）に報告しなければならない。「すべて」とは、口座が代理人の名義だった場合なら、「本当の受益者は誰か」まで割り出して、米国に報告せよということだ。

（中略）ＦＡＴＣＡ施行により、スイスだけでなく、ルクセンブルクやオーストリアなど伝統的な金融立国は、もはやタックスヘイブンとしての機能を失ってしまった。

米国の強い要請により、ＯＥＣＤとＧ20は、「タックスヘイブン追放」のキャンペーンを推進した。ケイマン諸島、英領バージン諸島など、悪名高い回避地は国際機関の「ブラックリスト」で名指しされ、改善を求められた。ＯＥＣＤは米国の例にならい、ＦＡＴＣＡ体制を世界中に拡大しようと、一四年二月に「共通報告基準（ＣＲＳ）」をまとめ、各国に遵守を求めた。

ところがここで、世界の税務・金融当局を愕然とさせる事態が起きる。オバマ政権が、「米銀の守秘義務を定めた国内法がある」ことを理由に、同基準の受け入れを棚上げにしたのである。

「お前たちは俺が決めたルールを守れと言っておいて、自分は守らない。こんなむちゃくちゃなことをやるのが、アメリカです」と、在米金融関係者は憤る。

（月刊『選択』二〇一六年五月号）


つまり、スイスもルクセンブルクも英領バージン諸島も英国本国も香港もシンガポールも、それらの国の金融機関における顧客の情報交換報告が義務付けられる（つまり、顧客の秘密は守ってはいけないと義務付けられる）にもかかわらず、米国だけはそのルールの対象外だというのである。

米国は内向きになっていると言われる。オバマ大統領は「もはや、世界の警察官ではない」と宣言した。米大統領選で共和党候補となったトランプは「米国第一」を掲げ、オバマ発言からさらに進んで、ＮＡＴＯ（北大西洋条約機構）離脱や在日米軍と在韓米軍の撤退までにおわせているし、移民や隣国、あるいはイスラム教徒らを排撃する発言を繰り返している。本稿執筆時点でトランプが大統領になるかどうかはわからないが、こういったトランプの自己（自国）中心的〝暴言〟が多くの米国民に受けているのは間違いなく事実だ。確かに、米国は内向きになってきているのかもしれない。

しかし、それは米国が覇権国であることを諦めたということを意味するものではない。ヨーロッパやアジアの安定や平和のことなど、どうでもいい。そんなことのために人やお金を費やすのはもうごめんだ。米国さえよければいい。米国さえリッチであればいい。そのための力はまだ十二分にある。リッチの源泉はマネーだ。なんといっても、米国は基軸通貨国だ。力づくで世界中のマネーを米国に引っ張ってきてやる。「新型の大国関係」などと調子に乗る中国。その中国にタックスヘイブン商売をしてＡＩＩＢ（アジアインフラ開発銀行）や人民元のＳＤＲ構成通貨入りで率先して中国を支持した英国。米国をなめるなよ。パナマ文書で思い知ったことだろう。これからは「すべてのマネーは米国に通ず」なんだよ――これが米国の本音であろう。

パナマ文書が意味するところは、丸谷氏のルポのタイトルの如く、英国と米国との「金融覇権戦争」なのである。

シンガポールが金融センターになった理由

ここまで見てきて、英語で書類を処理するから国際金融センターになどというのが、いかに表面的で甘い考えかがおわかりいただけたかと思う。世界のマネーを引きつけるには、そんな次元ではない、はるかに図太くしたたかな力が必要なのだ。それはたとえば、帝国主義や植民地を毫も恥じることなく今も活用する図太さであり、表は紳士でも裏ではどんなマネーも受け入れる見事な二重構造であり、そして、同じ仲間（アングロサクソン）であっても、金のためには情報工作機関を使ってでも引きずり降ろすという容赦ない姿勢である。

タックスヘイブンも持たず、ＣＩＡや英国のＭＩ６のような情報工作機関も持たない日本が、国際金融センターになどなれるはずはないのである。

付け加えておけば、日本から外資系金融機関が出ていってシンガポールに移ったのは、本質的にはデフレのせいでもないし、言語の問題でもない。金融立国たらんとしたシンガポールの国策にやられたのである。二〇〇一年、当時シンガポールの副首相・財務大臣・金融管理局長官を兼務していたリー・シェンロン（シンガポールの国父、リー・クワンユーの長男）は、タックスヘイブンとしての優位性を確立するために何をすべきかを徹底的に研究した結果、銀行法の改正にたどり着いた。銀行法をどう改正したのか。スイスよりもはるかに厳しい秘密保護条項を持つようにしたのである。

これにより、秘密を求めるマネーが世界中からシンガポールに集まるようになった。『タックスヘイブンの闇』の中でシャクソンは、モルガン・スタンレー、アジア部門の花形エコノミスト、アンディ・シエの言葉を伝える形で、より生々しくシンガポールの国際金融政策の狙いを伝えている。

シンガポールの成功は、主として腐敗したインドネシアのビジネスマンや政府高官のためのマネーロンダリング・センターになったことで達成された。経済を維持するために、シンガポールは今、中国から汚職マネーを引き寄せようとカジノの建設を進めている。

（ニコラス・シャクソン著・藤井清美訳『タックスヘイブンの闇』朝日新聞出版）

マネービジネスというのは、モラルなき戦いである。白でも黒でも何でもいい。とにかく量が多ければそれでいいという世界である。集めたお金の一％が手数料で儲かるとすれば、一億円集めた場合なら一〇〇万円の儲けにしかならないが、一兆円集めれば一〇〇億円の儲けになる。だから、とにかく集めればいいのだ。バブルの頃までは日本自体にジャブジャブとマネーがあった。だから、それを狙って外資もやってきた。しかし、もうそんな時代は終わった。だから外資は出ていって、もっと旨味のあるシンガポールに移って行った。そう

いうことなのである。

日本は「フィンテック」でも勝てない

世界のマネーを引き寄せるべく、私たち日本人の預り知らない世界で死闘を演じる米英。やはりアングロサクソンは金融の世界を支配していることがおわかりいただけたであろう。そして、今世紀に入って日本からアジアの金融センターの座を奪ったシンガポールは、スイスを超える銀行守秘義務を設けることで秘密を求める巨額の腐敗マネーを引き寄せてその地位を築いたのであった。善し悪しは別にして、こんなマネは日本には到底できない。こういう世界はやはり日本が太刀打ちできる世界ではないし、そんな世界の覇者を目指すべきでもないだろう。やはり日本は地道な技術の国だ。

では、日本は最近話題の「フィンテック」（fintech　金融〈finance〉＋技術〈technology〉による造語。金融とＩＴ〈情報技術〉を融合した金融工学分野の技術革新。また、それに関連するベンチャー企業によるビジネスを指す）では、世界をリードしていく存在、世界に伍していける存在になれるのだろうか。いや、それもどうも難しそうなのである。

近年経済成長に黄信号、いや赤信号が点滅してきている中国。不動産バブルに過剰な生産設備と民間債務。すっかり世界経済の不安材料となってしまった感があるが、一方で、すでに七億人に迫らんとする膨大なインターネットユーザーを対象にしたＩＴ関連市場の伸びは、依然として目覚ましいものがある。スマートフォンなどを使うオンライン支払いユーザーは、二〇一五年末で四億一六〇〇万人と一年間で三六・八％も増えた。ネットバンキングは三億三六〇〇万人で一九・二％増。日本でも普及している携帯電話を使った支払いやプリペイド（前払い）方式の電子マネーが、中国ではケタ外れの人数に爆発的に広がっているのだ。コンビニの店頭や小さな飲食店、中には屋台の果実店までスマホを使って支払いできるケースもある。

その背景にあるのは「ＢＡＴ」と呼ばれる中国ＩＴ大手三社のフィンテック

分野での事業急拡大である。Bは百度（バイドゥ）、Aはアリババ、Tはテンセントだ。三社ともここ数年で独自のオンライン銀行を開設し、スマホユーザーが簡単に使えるオンライン支払いなどのサービスを相次ぎ開始しており、中国の若者がいっせいに飛びついた。この三社の売上高、そして利益率はハンパではない。二〇一五年の米ドル換算の業績であるが、百度は売上高一〇三億ドルのうちの半分超に当たる五二億ドルもの最終利益を上げた。アリババはさらにすごい。一四六億ドルの売上高に対して最終利益が八七億ドル。テンセントも一五八億ドルに対して四四億ドルと、いずれも驚くほど高い利益率を記録している。億単位の膨大なユーザーによる小さな取引の積み重ねが、巨額の利益を生んだのである。儲けるとはこういうことだと、見せつけられる思いがする。

これにはもちろん潜在市場の巨大さという理由があるのだが、そればかりではない。二〇一六年六月五日付産経新聞において、上海支局長の河崎真澄氏は「中国、『フィンテック』急成長」と題する論考を寄せているが、その中で日本と比べた時の中国の強みについて次のように述べている。

がんじがらめの金融規制に縛られる日本と比べ、ルールや規制があいまいな中国はＩＴ企業が金融分野に参入しやすい土壌がある。その一方で中国当局は、米グーグルなど外資の市場参入を検閲とからめて厳しく規制して国内産業を保護した。（中略）中国は今後、アジアインフラ投資銀行（ＡＩＩＢ）による周辺国へのインフラ融資とリンクし、中国発のフィンテックを金融決済システムとして洪水のように輸出する可能性もある。

（産経新聞二〇一六年六月五日付）

先に中国のことを「法治国家ではない人治国家」と述べたが、これは観点を変えれば、がんじがらめに規制してしまうことなく、融通無碍（ゆうずうむげ）に対応することが可能だということも意味する。民主国家ではないから、言論統制だと言われようとも取り締まるところは取り締まって外資の自由にはさせない。外国への融資も国際社会から人権や環境問題を無視していると批判されても、そんなこ

とはお構いなし。非人道的な独裁国家にフィンテックによる金融決済システムを輸出することも意に介さないであろう。国内の民意も国際社会の声も無関係に、この分野が伸びる、儲かると思えば、強力に国策でもって推進する国——それが中国である。

翻ってわが国の場合は、金融に関連して何か新手の事件が起こったり、新しい技術や商品が出てきたりすると、とにかくトラブル回避を第一とする。これぞ、お役所仕事の腕の見せどころだ。形式的な規制をどんどんかける。その結果、実質的には意味のない書類ばかりがどんどん増えて、どんどん活力をそいでいく。読者の皆さんも、昔に比べ金融機関が融通が効かなくなったなあ、訳のわからない書類が増えたなあと実感されている方が多いのではないだろうか。お役所も民間も、そういうロスに膨大な手間とコストを費やしている。

確かに日本の金融機関はミスが少ない。中国はもちろん欧米の金融機関でも、日本人からするとずいぶんといい加減なミスをするものだ。しかし、トラブルやミスの発生を極端に恐れて、そちらに膨大な手間やコストをかけていては、攻めの勢いは大きく削がれてしまう。これでは伸びるはずがない。

今でも日本には、優れた技術は少なくない。しかし、若年層を中心とした人口減少という構造的問題のみならず、「トラブル回避が第一義」という極端な守り姿勢から来るがんじがらめの規制のために、日本はフィンテックでも遅れを取ることになるのである。

五輪を目指す女性医学生スプリンター

突然だが、宮澤有紀という陸上短距離選手をご存知だろうか。二〇一五年六月の日本学生陸上個人選手権女子一〇〇mで優勝。同年、日本選手権で日本記録保持者の福島千里選手には敗れたものの二位。現在、日本陸上競技連盟の強化対象選手として選出されている。

この宮澤選手、学生選手権に出ているのだから当然学生なのだが、その大学とは陸上で有名な私立大学ではない。国立富山大学。しかも医学部なのだ（現在六年生）。宮澤さんは小さい頃から走ることが大好きで、中学校三年生の時に全国大会の一〇〇ｍで三位に入賞するが、高校生の時に突如原因不明の極度の低血圧にかかってしまう。授業中に意識が飛び、椅子から落ちそうになったり、階段すら上がれない状態になるなど、高校時代はインターハイに出場するどころか日常生活すら厳しい状況に陥っていた。

しかし、彼女はこの闘病生活をきっかけに、「自分で原因を解明したい」と医師を目指し、二年間の浪人生活を経て富山大学医学部に入学。その後、「体が動くようになったので、また陸上をやりたい」と陸上競技部に入部して陸上を再開。医学部の勉強・実習と陸上のトレーニングを両立させ、じわじわと記録を伸ばし、そして今やオリンピックも狙える日本のトップ選手になったのである。

「オリンピック出場と医師国家試験合格二つの夢を叶えたい！」という彼女は、その思いを次のようにつづっている。

――

苦しみに耐えることだけで終えた高校時代。周囲に弱音を吐くこともできず、自分の体調不良について悩みもがいていました。楽しかったはずの高校時代に何もできなかった悔しさが、今となっては「オリンピック出場と医師国家試験合格」という二つの目標達成の為の原動力、目の前にある貴重な時間を大切に過ごす為の原動力となっています。『常識を超えたところに、感動は待っている』。そう信じて、そのチャレンジの過程の中で、病を乗り越え、自分の成長を感じ取れる喜びを今は噛み締めています。

オリンピックに出たい、世界へ羽ばたきたい—。こう思うのは、同じように原因不明の病気に悩む中高生が世の中に多くいることを知ったからです。体調不良に悩む私のことをとても心配してくれた両親がその原因を探る中で、似たような症状に悩む同世代の仲間がいることを教えてくれました。

もし私がオリンピックに出場することができた時、私と同じく原因不明の病に悩む方々にわずかでも希望を感じてもらえたら嬉しいです。

また、そういった方々に対する周囲の理解が深まることも期待しています。そして、これまで私を支えてくれた家族に対しても最高のプレゼントになったらいいなと思っています。
（ＲＥＡＤＹＦＯＲ　ホームページ）

日本でも動き出した「クラウドファンディング」だが……

さて、ここまでの宮澤選手の感動的なお話は助走である。ここからが本章のテーマに沿った本題だ。オリンピックを狙うのだから、普通の選手のようにただ練習しているだけではダメである。コーチやトレーナー、またはトレーニング・パートナーを帯同して、様々な大会に出場したり、トップクラスの選手たちとの合宿に参加して鍛えたりする必要がある。

当然、そのための費用はかなりのものになる。有名私大や実業団の選手であれば、金銭面で様々な優遇があるであろう。しかし、宮澤選手の場合はそんなものはない。ではどうするか。彼女は「クラウドファンディング」を利用して必要な資金を集めたのだ。

クラウドファンディング——初めて耳にする読者もいらっしゃるであろうが、群衆（crowd）と資金調達（funding）を組み合わせた造語である。「こんなモノやサービスを作りたい」「世の中のために、こんなことを実現したい」といったアイデアやプロジェクトを持つ起案者が、インターネットサイトを通じて世の中に呼びかけ、共感した人から広く資金を集める方法である。彼女はこの手法を使って活動資金を募集し、目標三七万円のところ、見事二一七人から二八七万三〇〇〇円を調達したのだ。

彼女がクラウドファンディングで利用したのは「READYFOR」という、日本で最初のそして最大のクラウドファンディング・サービス会社である。READYFORがスタートしたのは二〇一一年三月。それ以来すでに四二〇〇件以上のプロジェクトの資金調達を行ない、一五万人から二三億円以上の資金を集めている。プロジェクトの内容は様々で、たとえば二〇一一年のREAD

ＹＦＯＲ　ＯＦ　ＴＨＥ　ＹＥＡＲ　で大賞を受賞したのは、「陸前高田市の空っぽの図書室を本でいっぱいにしようプロジェクト」。このプロジェクトには八〇〇万円を超える資金が集まった。このような日本の被災地支援プロジェクトばかりでなく、「スーダンの無医村に診療所を建設し、五〇〇〇人の命を救いたい！」というような国際的な支援活動も少なくないし、「淡路島の登録有形文化財『春陽荘』を改修！　島の観光名所誕生へ！」のように文化財保護・地域起こしに関するものも多い。宮澤選手のようなアスリート支援や音楽活動支援のものもある。

ちなみに、ＲＥＡＤＹＦＯＲ社の代表取締役ＣＥＯは、米良（めら）はるかさんという方であるが、一九八七（昭和六二）年一〇月二一日生まれだから、まだ二九歳のうら若き女性だ。慶應義塾大学大学院（メディアデザイン研究科）修了だが、在学中にＲＥＡＤＹＦＯＲを起業。二〇一二年には政策投資銀行主催第一回女性起業家コンペティションで「未来へチャレンジ賞」受賞している。

ＲＥＡＤＹＦＯＲ社だけでなく、日本全体でもクラウドファンディングの市場規模は急拡大しており、日本の主要クラウドファンディング一〇社の累計支援額は、二〇一四年七月の一五・五億円からわずか一年後の一五年七月時点で三五・五億円にまで伸びたという。

陳腐化し動脈硬化を起こしているわが国の金融

わが国でこのような若い女性起業家が生まれ、ユニークな資金調達手法が伸びていることは、喜ばしいことだ。しかし、伸びているとは言っても〝この程度〟なのである。

欧米ではすでに二〇世紀の時代からクラウドファンディングはスタートしている。たとえば一九九七年、イギリスのロックグループ・マリリオンのファンが全米ツアーを引き受け、ファン主催のインターネット上キャンペーンという手段による寄付で六万ドルを集めた。その頃から始まっているのだから、現在の規模は到底日本の比ではない。世界のクラウドファンディング市場規模は、全世界のクラウドファンディング一二五〇社の調査で、二〇一四年は一六二億ドル。一五年夏時点での見込みでは一五年には三四四億ドルに達するとのことであった。これを円換算すれば数兆円であるから、日本とはまるでスケールが違う。欧米では何かをやりたい人が創意工夫を凝らしてインターネットを使って自由闊達に資金調達している歴史が、もう二〇年近くにおよんでいるのだ。日本は今でも世界第三位の経済大国の地位を保持しているが、システムが硬直化しており、特に経済の血液と言われる金融に関しては動脈硬化を起こしていると言ってよいだろう。

今、わが国では「異次元金融緩和」という金融政策が採られている。これについては、今まで多くの著書で詳しく述べてきたから、ここでは簡単にしか触れない。単純化して言えば、異次元金融緩和政策というのは日銀が民間銀行から国債を買い取って民間銀行にお金を供給する政策のことである。そして民間銀行がその供給されたお金をさらに民間（企業や個人）に貸し出すことで、民間の経済活動を活発化させようというのが本来の狙いだ。しかし、現実にはそうはなっていない。貸し出しは伸びていない。一番の大きな理由は、わが国が人口減少・市場縮小の時代に入っている今日、積極的な資金需要がないということである。借金をして工場を建てたり店を出したりしようと考える企業や、ローンを組んで家を買おうという個人が減っているということである。

しかし、それと共にもう一つある根本問題は、金融システムが動脈硬化を起こしているということである。先のクラウドファンディングの事例で明らかなように、今でもお金を求めている人達はいるし、お金の出し手もいるのだ。戦後の高度成長期には、銀行がその仲介役をうまくこなしてきた。しかし、今はその役割をこなせていないのだ。それは、高度成長期には機能していた銀行の融資システムが、今日では陳腐化してしまったからである。

東京大学客員教授、内閣府経済社会総合研究所総括政策研究官、東京経済大学経済学部教授などを歴任した加藤裕己氏は、かつて「戦後日本の経済発展と金融構造」について次のように総括していた。

メインバンクの情報生産機能や有担保主義によりリスク分散を図る融資慣行は、経済の国際化・自由化が進む状況下で資金配分は次第に不効率なものになっていった。特に、有担保制の下で土地に過度に依存した銀行部門は、企業部門の投資超過幅が縮小するにつれ、適切なリスク評価のないまま高い期待収益のもとでリスクの高い資産での資金運用を高め、バブル経済を形成する一因となった。低金利政策の下での間接金融優位の金融構造は、直接金融市場の発達を遅らせ、企業の長期資金調達手段を狭めるとともに、新興企業へのリスクマネーの供給を阻害してきたことも否めない。

（加藤裕己著「戦後日本の経済発展と金融構造」）

やや用語に難しいところがあるかもしれないが、「間接金融」とは銀行を通じての融資のこと、「直接金融」とは借り手が貸し手から直接お金を融資してもらうことだ。「有担保主義」「不効率」「適切なリスク評価のない」、そしてその結

果として「新興企業へのリスクマネーの供給を阻害」――うなずかれる読者も少なくないだろう。私も同感である。と言うよりも、私はそんな銀行はそもそも見切っていた。この本を出している出版社・第二海援隊を立ち上げた時（一九九六年一月）、インターネットはまだほとんど普及していなかったのでネットこそ使わなかったが、私はクラウド（群衆）ファンディング（資金調達）で資金を集めて起業したのだ。

二〇年以上前、私が敢行した元祖クラウドファンディング

一九九四年に毎日新聞を退社し、経済ジャーナリストとして活動していた私は、当時すでに日本をめぐる状況に強い危機感を抱いていた。そして、日本を変革するためには本物の情報を発信する「総合情報商社」こそ必要であると考えた。そこでまず、一九九五年五月に総合法令という出版社から『第二海援隊構想』という本を発刊。その中で「いまこそ、『志ある起業』、『志ある資金』が

求められている。坂本竜馬の志をついで、是非、〝第二海援隊〟を作ろうではないか！」とうったえた。その後さらにその活動を展開し、このプロジェクトに関心のある方を集めて、東京の徳間ホールなどで何度も出資説明会を開催した。当時書いた「二一世紀型総合情報商社㈱第二海援隊出資募集要項」は次のような書き出しで始まっている。

「日本は今〝凋落〟しています。そして、現在の日本をめぐる状況はあまりにも危機的です。とりわけ、金融システムと日本の国家財政は破綻の瀬戸際にまで追いつめられています」。断わっておくが、これを書いたのは一九九五年であり、拓銀や山一證券破綻の二年も前のことである。当時は銀行や大手証券が潰れるとか日本の国家財政は破綻するなどと言う人は皆無だった。そんなことを言う私は、一部から「浅井隆は頭がおかしい」とまで言われたものだった。

もちろん、当時クラウドファンディングなどというものはまったく存在していなかった。起業するなら銀行とか政府系金融機関に相談というのが常識の時代だった（今でもそういう認識が圧倒的であるが）。しかし私は、なんとしてでも「二一世紀型総合情報商社・第二海援隊」を作りたいと思い、そしてそのために古い金融システムに頼ろうなどとはまったく考えなかった。徒手空拳で自らクラウドファンディングに挑んでいったのだ。その結果、一九九六年一月、株式会社第二海援隊は設立できた。二五〇〇名近い方から集まった資本金は四億二九〇〇万円におよんだ。お蔭さまで私は、出版を中心とした二一世紀型総合情報商社を設立することができた。

あれから二〇年。当初はなかなか業績が上がらず苦しい時期もあったが、出版に加え、月三回最新の経済情報をお送りする「経済トレンドレポート」事業、子会社による投資助言事業が軌道に乗り、六期目からは着実に配当を出すこともできるようになった。そして、一六期を終えた時点で、出資者の皆様への配当金累計が出していただいた出資金額を超えることができた。その時は最低限の恩返しができたと少しホッとしたものだ。

日本らしい志ある金融、生きたお金の循環を

私はここで自分の手前味噌な自慢話をしたいわけではない。本章で今まで述べてきたように、日本の金融は世界の熾烈な闘いからはカヤの外に置かれているばかりでなく、陳腐化している。動脈硬化を起こしている。国際金融センターなど夢のまた夢、あり得ない夢だ。そういう現実認識は大切だ。

しかし、だからと言って私は日本の将来に絶望したりあきらめたり投げやりになったりはしない。今日本でも、クラウドファンディングが芽生えてきているが、私はそんなものがまったく存在していなかった頃でも、自ら今で言うクラウドファンディングを敢行して、四億円を超える資金を集めて夢を実現させたのだ。

世の中のせい、社会の仕組みのせいにしている人間は、どの国に行っても、いつの時代に生きてもダメなのだ。逆にそんな仕組みがなくても、本当のやる

気があれば既存のシステムに頼らずに資金調達をして夢を実現することはできるのだ。

伊勢志摩サミットで改めて脚光を浴びた伊勢志摩のシンボルはもちろん伊勢神宮である。伊勢神宮は天照大御神を祀る内宮と衣食住の守り神である豊受大御神を祀る外宮とに分かれており、内宮と外宮とは五キロほど離れている。この内宮と外宮とを結ぶ道路は御木本道路と呼ばれている。伊勢志摩の特産物・真珠。その真珠の養殖に世界で初めて成功した真珠王・御木本幸吉が、自ら資金を拠出して作られた道路だ。現代で言えば、個人の余剰資金をインフラ整備に投じたということになろう。

金融とは本来、お金を回すことである。いい形で循環させることである。真珠王・御木本幸吉は大儲けした。そして、それを惜しむことなく国家・社会に還元した。これこそ素晴らしい金融の一つの形ではないか。昔も今も、お金を必要とする人や事業があり、余剰資金を何かに拠出したい人はいる。それを結び付けてお金を活かすこと。それが金融の基本である。

私たちの日本には、こうした素晴らしい金融の実例が歴史上にある。今また若い女性起業家からクラウドファンディングも動き出している。私たちはこういう歴史に学び、そしてまだ芽が出たばかりのクラウドファンディングに注目して育てていけば、アングロサクソン流の金融ではない日本らしい金融、既存のシステムに頼らない生きたお金の循環が作っていけるのではないか。そんな希望を私は失いたくないのである。

本章の最後は、あるヘッジファンド関係者がよく口にする格言で締めくくろうと思う。それは「ノー・フリーランチ」だ。日本語訳は簡単だ。「ただ飯はない」ということだ。御木本幸吉は「狂ってる」と嘲笑されながら、幾多の辛苦を乗り越え行商の身から「世界の真珠王」となった。

本章は、「お金の殖やし方」がメインテーマの本書の中では異色の章である。しかし、現代の国際金融の実態とは、金融の本質とは何か、こういう本質に迫ったつもりである。これを押さえた上で、ぜひお金というものに向き合っていただきたい。

第四章　複利効果のすごさ

資産を倍増させるのは夢のまた夢？

空前の運用難の時代である。超低金利時代が続く中、通帳に記載される利息の額を見るたび、ため息をつく人は多いに違いない。銀行に預金していても資産はほとんど殖えない。ましてや資産を倍増させるなど夢のまた夢に思える。実際、現在の預金金利で資産を二倍にするには人間の寿命をはるかに上回る時間がかかるため、銀行預金で資産を倍増させるのは確かに不可能だ。やはり資産を二倍にすることなど夢のまた夢なのだろうか。

いや、必ずしもそうではない。実はある特殊な運用ノウハウを使えば、資産を二倍にすることは決して不可能ではない。そのノウハウについては第五章および第六章で詳しく述べるが、本章では一体どの程度の利回りと運用期間があれば資産は二倍になるのか、あるいはどのくらい殖えるのかについて、いくつかの数字を使い検証してみよう。きっとあなたは金利というものの奥深さについて知り、複利効果のすごさに改めて驚くことになるだろう。

そもそも「金利」とは

「金利」とは、お金を貸したり借りたりする際の費用で、いわばお金のレンタル料とも言える。私たちが銀行からお金を借りれば、定められた金利で計算した利息を支払うし、銀行にお金を貸せば利息が支払われる。「私は銀行になどお金を貸したことはないよ」と思われるかもしれないが、私たちにもっとも身近な金融商品である銀行預金は、実質的には私たち預金者が銀行にお金を貸しているのと同じことだ。だからこそ、ただお金を銀行に預けるだけで利息が貰えるのである。

わが国では戦後長らく、銀行経営の安定や健全性を維持するために預金金利は規制されてきたが、経済が成熟するにつれて規制がかえって金融の効率化を損なう弊害が目立ち始め、一九七〇年代以降、金利は段階的に自由化されていった。現在は金利が自由化されているわけであるが、ではのようにして決まるのだろうか。決定要因はいくつかあるが、一つは景気動向、特に物価の動向が挙げられる。好景気などで物価が上がると、通貨価値が下がり、実質的な債務負担が軽くなるため、お金を借りようという資金需要が高まる。その結果、金利が上昇する。また、中央銀行もインフレを抑制するため政策金利を上げるので、これも金利上昇に作用する。逆に、不景気などで物価が下がると、通貨価値が上がり、実質的な債務負担が重くなるため、資金需要が減る。その結果、金利が低下する。また、中央銀行も景気を上向かせるため政策金利を下げるので、やはり金利を低下させる。

借り手の信用力も金利に大きく影響する。信用力の低い人にお金を貸す場合、お金がきちんと返済されないリスクがある。そのリスクをカバーするため、相対的に高い金利が設定される。逆に信用力の高い人にお金を貸す場合は、お金が返済されないリスクは低いので、相対的に低い金利が設定される。

返済期間も金利に影響する。一般的には返済期間が長いほど高い金利が設定される。返済期間が長くなればなるほど、借り手の信用力が低下したり、金利が上昇するなどの状況変化により貸し倒れリスクが高まるからだ。住宅ローンでも特に固定金利の場合は、借入期間が長くなるほど金利が高く設定されるのが普通だ。

また、固定金利の方が変動金利よりも高く設定される。借入期間中、金利が上昇した際、変動金利であれば銀行は適用金利を引き上げることができるが、固定金利の場合は適用金利を変えることができない。つまり、変動金利は借り手が金利変動リスクを取るのに対し、固定金利は貸し手が金利変動リスクを取ることになる。貸し手はそのリスクをカバーするため、固定金利の方を高く設定するわけだ。

「金利」と「利率」「利回り」はどう違うのか

お金を借りる時や銀行に預ける時、運用する時などに「金利」が発生するわけであるが、「利子」、「利息」、「利率」、「利回り」など「金利」と似た意味の言葉はいくつかある。これらの言葉はいずれもあまりにも一般的な言葉だから、なんとなく同じような意味で使われることも少なくないが、それぞれの意味の違いについてここで確認しておこう。

まず、「金利」という言葉は少々曖昧で、「利率」と「利息」という二つの意味がある。「金利が一％に引き下げられた」などとあれば「利率」の意味だし、「ローンの金利を支払う」などと言えば「利息」を意味する。

「利子」と「利息」は基本的に同じ意味である。いずれもお金を貸したり借りたりする際にかかる費用で「金額」で表す。また、「利率」、「利回り」は「利子」や「利息」を計算するためのレートで「％」で表す。一年当たりの「年利」、一ヵ月当たりの「月利」、一日当たりの「日歩」などがあるが、特に断りがなければ普通は「年利」を指す。

ここまでの話はそれほど難しくはないだろう。では、『利率』と『利回り』の違いは？」と問われ、あなたは正確に答えられるだろうか。「違いは正確にはわからないけど、同じようなものだろう」と考える人が少なくないかもしれない。確かに「利率」と「利回り」は言葉も意味も似通っていて違いがわかりづらい。しかし、この二つの違いは資産運用においては非常に重要だから、しっかり理解しておきたい。

「利率」とは「額面金額に対する利息の割合」を意味する。一方、「利回り」は「投資金額に対する『利息』も含めた収益の割合」を意味する。この説明だけで「なるほど」と理解できる人は、おそらくすでに「利率」と「利回り」の違いをしっかり理解している人に違いない。そうでない人は、この説明では理解できない人が多いだろう。

実際、次のようなごくシンプルな例では「利率」も「利回り」も結果的にイコールになる。「一〇〇万円を預金した。満期一年の定期預金で、年利一％。一年後の満期時に解約するといくらになるか？（税金は考慮しない）」答えは言うまでもなく、元本一〇〇万円に「利息」一万円を加えた一〇一万円である。この定期預金の「利率」は一％、「利回り」も一％となる。「結局、『利率』も『利回り』も同じじゃないか。単なる表現の違いだろう」と思われるかもしれない。違うのだ。「利率」と「利回り」が異なる数字になる場合があるのだ。

では、どのような時に「利率」と「利回り」に違いが出るのか？　このごくシンプルな定期預金を満期の一年で解約せず、あと一年継続してから解約したとしよう。実は「利息」の付き方には「単利」と「複利」がある。「単利」とは、常に最初の元本に対して「利息」を計算する方法だ。それに対して「複利」は、一定期間ごとに支払われる「利息」を元本に足した合計額に対して「利息」を計算する方法だ。つまり、「単利」は当初の元本にのみ「利息」が付くのに対し、「複利」は当初の元本とそれまでに支払われた「利息」にも利息が付くのである。

具体的に見ていこう。「単利」の場合は次の一年も得られる「利息」は元本一〇〇万円×一％で同じく一万円だから、一〇〇万円の定期預金は二年後に一〇二万円になる。一年あたりの「利率」と「利回り」はいずれも一％である。

では、「複利」の場合はどうだろう。次の一年に得られる利息は元本一〇〇万円にすでに支払われた利息一万円を加えた一〇一万円×一％で一万一〇〇円と

「利率と利回り」「単利と複利」の違い

利率と利回りの違い	
利率	額面金額に対する利息の割合
利回り	投資金額に対する利息も含めた 収益の割合

単利と複利の違い	
単利	常に最初の元本に対して 利息を計算する方法
複利	一定期間ごとに支払われる利息を 元本に足した合計額に対して 利息を計算する方法

たとえば……

100万円を満期1年の定期預金にする。
年利（利率）1%で3年間運用。

■単利で運用

	金額	年利回り
1年後	101万円	1%
2年後	102万円	1%
3年後	103万円	1%

■複利で運用

	金額	年利回り
1年後	101万円	1%
2年後	102万100円	1.005%
3年後	103万301円	1.01%

なり、一〇〇万円の定期預金は二年後に一〇二万一〇〇円になる。すると、利率は一％にもかかわらず、利回りは一・〇〇五％になる。さらに三年後には一〇三万三〇一円になり、利回りは一・〇一％になる。このように「単利」の場合は「利率」と「利回り」は一致するが、「複利」の場合は「利率」より「利回り」の方が高くなるわけで、「単利」より「複利」の方が有利ということだ。また、「利率」よりも「利回り」を見る方がその金融商品の実態に近いと言える。

「『複利』の方が有利なのはわかったが、一〇〇万円預けた場合でその差は二年でたったの一〇〇円、三年でも三〇一円か……。取り立てて言うほどのことではないな」。読者の中にはそう思われた方もいらっしゃるかもしれない。確かに二年ではたったの一〇〇円だが、運用期間が長くなるとどうなるか？　あるいは「利率」がもっと高かったらどうなるか？　元本はおそらくあなたの想像をはるかに上回る変化を見せるだろう。ではこれから、「複利」の持つ魅力、そして怖さをたっぷりとお見せしよう。

米一粒の褒美に青ざめた秀吉

誰もが知る偉大な物理学者アルベルト・アインシュタインはかつて『『複利』は人類史上もっとも偉大な発見」と語ったと言われるが、実は四〇〇年以上も前の日本で、この複利効果のすごさをすでによく理解していた人物がいた。安土桃山時代、豊臣秀吉に御伽衆（主君のそばにいて話し相手をする人）として仕えた曽呂利新左衛門である。

非常に有能な人物で、ある時、秀吉は新左衛門に褒美を与えることにした。新左衛門は米を望んだ。どのくらいの米が欲しいかと問えば、なんと一粒欲しいという。ただし、今日は一粒だが、明日は二倍の二粒、明後日はそのまた二倍の四粒というように毎日二倍にして、それを将棋のマス目分（八一日間）続けて欲しいというのだ。謙虚を通り越して、あまりの馬鹿々々しさにふざけているとしか思えない話だ。「一日目一粒、二日目二粒、三日目四粒、四日目八粒……。倍増するとはいえ、始まりが一粒だ。八一日間続けたところでたかが知れている」――おそらく秀吉は頭の中でこのようにイメージしただろう。

しかし、この考えは甘かった。毎日二倍になるということは、米粒の数は二の累乗で増えていく。八一日間、毎日二倍ずつ増えるということは、八一日目の米粒の数は「二の八〇乗」になる。「二の八〇乗」と言われてもピンとこないだろうから、実際に計算してみよう。すると、結果は「一秭二〇八九垓二五八一京九六一四兆六二九一億七四七〇万六一七六」となる（秭は「じょ」、垓は「がい」と読む）。数字を並べると、桁数は実に二五桁である。想像を絶するとはまさにこのことだ。

米粒の数ではあまりにも多過ぎるので、米俵に換算してみよう。米俵一俵（六〇キログラム）分の米粒の数は大体二七〇万粒ほどだという。米俵の数なら多少はイメージしやすくなるのではと思いきや、それでもとんでもない数だ。なんと四四京七七五〇兆もの米俵になる。このとんでもない事実に気付いた秀吉は、新左衛門に詫びて褒美を変えてもらったという。ただ、新左衛門がどの

一定期間ごとに数が2倍に増えていくと……

1日目		1
2日目	2^{1}	2
3日目	2^{2}	4
4日目	2^{3}	8
5日目	2^{4}	16
6日目	2^{5}	32
7日目	2^{6}	64
8日目	2^{7}	128
9日目	2^{8}	256
10日目	2^{9}	512
11日目	2^{10}	1,024
43日目	2^{42}	4,398,046,511,104 (4兆3980億4651万1104)
81日目	2^{80}	1,208,925,819,614,629,174,706,176 (1秭2089垓2581京9614兆6291億7470万6176)

米一粒も毎日2倍ずつ増やしていくと、

81日目には「秭（じょ）」単位の天文学的な数になる！

ような人物だったのか、そもそも実在したのかどうかもよくわかっていない。この話が創作である可能性もあるわけだが、それでも昔の日本人の中に新左衛門のように数学の能力の高い人がいたことは間違いない。

このように、始まりはたったの米一粒であっても、毎日二倍にしていくとわずか数十日で天文学的な数に増えるのだ。似たような話で、「紙をどんどん半分に折っていくだけでやがて月まで届く」というのも有名だ。地球から月までの距離は約三八万キロメートル。それに対して、たとえば新聞紙の厚さは〇・一ミリ。比較しようもないほど、とてつもない違いだ。新聞紙を二つに折ると、紙の厚さは二倍になる。つまり〇・二ミリだ。もう一回折ると、さらに二倍の〇・四ミリ。こんな調子では一体何回折れば三八万キロメートルに達するのか？　何百回？　それとも何千回なのかまったく見当がつかないかもしれない。答えはたったの四二回だ。新聞紙を四二回折り畳むことができれば、確かに月まで達するのである。〇・一ミリ×二の四二乗を計算すると約四四万キロメートルとなり、地球と月の距離を超えるのだ。

もちろんこれは理屈上の話であり、現実には不可能なのは言うまでもない。実際には紙を半分に折り続けられるのは、数回程度に過ぎない。米粒の話と同様、紙の厚さは二の累乗で増えていく。一回折り畳むと二倍、二回で四倍、三回で八倍という具合に増え、八回で二五六倍つまり二五・六ミリ（約二・五センチメートル）になる。折り畳むことができてもそのくらいが限界で、まず大抵の人は六、七回でギブアップすることになるだろう。

恐るべき複利効果

実は、これが複利の恐ろしさだ。米粒の話にしても、新聞紙の話にしても、元本が二倍になるということは元本が一〇〇％増えるということだ。つまり、利率は一〇〇％である。ただ、これが単利であればこれほどとてつもない数字にはならない。米粒の例で言えば、米は毎日一粒ずつ増え、八一日間で八一粒になるに過ぎない。新聞紙の例でも、二つに折らずに一枚一枚重ねていくだけなら、四二回繰り返しても紙の厚さはわずか四・二ミリ（〇・一ミリ×四二枚）である。

しかし、これが複利になると、利率が同じ一〇〇%であっても、米粒の数は八一日間で「秭」という天文学的な単位を超え、新聞紙は四二回折り畳むとその厚さは地球と月の距離をも超えるのである。

仮に銀行預金の金利で二倍になるのに一年かかるとすれば、年利一〇〇%ということになる。しかも、それが一年複利で殖えていったとすると、元本がたったの一円だったとしても四二年後に四兆円を超え、八〇年後には一秭円を超える計算になる。もちろん、このような高利は通常はあり得ない。ハイパーインフレなどで経済が破綻している国か、ひと昔前のヤミ金のようにトイチ（一〇日で一割の利息）で客を食い物にする違法業者でもなければあり得ない数字だ。

では、より現実的な年利で複利運用した場合、元本はどのくらいのペースで増加していくのか？　また、年利の違いは元本の増加ペースにどのくらいの差をもたらすのか？　詳しく見ていこう。

「年利」の違いがもたらす複利効果の差

さて、複利で運用すると、元本はどのくらいのペースで殖えていくのだろうか。いくつかの利率（年利）を例にとり計算してみよう。

まずは年利一％。年利一％で運用すると、一〇年後に元本はどのくらい殖えるだろうか？　もし、単利であれば計算は簡単だ。一年に一％ずつ一〇年間殖えるわけだから、元本は一〇％増加する。それが複利になると、単利よりも若干殖え、元本は一〇・四六％の増加となる。

少し視点を変え、年利一％で運用すると、元本が二倍になるのに何年かかるか計算してみよう。元本が一〇〇％殖えれば二倍になるわけだから、単利の場合、一年で一％ずつ殖えると、一〇〇％殖やすのには一〇〇年かかる。しかし、複利なら約七〇年で一〇〇％殖え、元本は二倍になる。七〇年というとほとんど人の一生に相当するほどの長い年月だから、ずいぶん気の長い話になってしまうが、それでも単利に比べると三〇年も早く二倍に到達するわけだ。

仮に元本を一〇〇万円とすると、一〇年後には単利で一一〇万円、複利で一一〇万四六二二円となる。七〇年後には単利で一七〇万円、複利だと二〇〇万六七六三円となる。運用期間が一〇年だと単利と複利の差は四六二二円だが、七〇年になるとその差は三〇万六七六三円と非常に大きくなる。一％という低い利率でも、運用期間が長くなると複利効果はかなり大きくなることがわかるだろう。しかし、七〇年という運用期間はやはり長く、現実的とは言い難い。一般的には一〇年という運用期間も短くはないが、年利一％だと一〇〇万円を一〇年運用しても単利と複利の差は五〇〇〇円にも満たないわけだ。

そこで、もう少し高い金利で比較してみよう。日本円の預金金利は長らく地を這うような超低金利であるが、通貨によっては高金利通貨もある。先進国通貨で高金利のものと言えば、豪ドルとニュージーランドドル（以下、NZドル）が代表格だ。二〇〇八年の金融危機以降、これらの高金利通貨の金利も大幅に引き下げられ、日本の銀行で豪ドルやＮＺドル建ての定期預金を組むと、一年満期のもので金利は一％前後か、せいぜい一・五％程度だ。しかし、ニュージーランド国内にはＮＺドル建ての定期預金（一年満期）で三％を上回る金利が付く銀行がある。

仮に一〇〇万円を年利三％で運用した場合、一〇年後に元本は単利で一三〇万円になるのに対し、複利だと一三四万三九一六円に殖える。単利と複利の差は四万円を超える。このくらい違いが出ると、多少は複利効果を実感できるのではないか。また、元本が二倍になるのにかかる年数は、単利の三四年に対し、複利だと二四年となる。

では、本書のテーマである年利一二％の運用だとどうなるか？　一〇〇万円を年利一二％で運用すると、一〇年後に元本は単利で二二〇万円、複利だと三一〇万五八四八円に殖える。単利と複利の差は九〇万円ほどに広がる。元本が二倍になるのにかかる年数は、単利が九年、複利だと七年だ。年利三％に比べはるかに短い期間で元本を二倍にすることができ、かなり魅力的だ。

もちろん年利一二%という運用は、政策金利が一桁以下のまともな先進国においては、銀行預金のような元本保証や確定利回りの金融商品ではあり得ない。もし、そのような金融商品が宣伝、広告されていれば、それは間違いなく詐欺である。ただし、それは逆に言えば、元本保証や確定利回りでない金融商品であれば、年利一二%で運用できる可能性はあるということだ。たとえば、日本にはない優れた戦略で運用される海外ファンドであれば、当然、元本割れリスクはあるが、年利一二%の運用は決して不可能ではない。このような海外ファンドについては次章で詳しく解説する。

ジンバブエのインフレで現実のものとなった「米一粒」の話

さて、米粒の話と新聞紙の話で取り上げた利率一〇〇%といった高利は通常はあり得ないと書いたが、財政が破綻するなどその国の経済が異常をきたせば起こりうる。実際、年利一〇〇%を超える金利や年率一〇〇%を超えるインフ

単利と複利で100万円を10年間運用すると……

（単位：円）

	単利	複利	単利と複利の差
1%	1,100,000	1,104,622	4,622
3%	1,300,000	1,343,916	43,916
5%	1,500,000	1,628,895	128,895
8%	1,800,000	2,158,925	358,925
12%	2,200,000	3,105,848	905,848

元本が2倍になるのに何年かかるか？

	単利	複利
1%	100年	70年
3%	34年	24年
5%	20年	15年
8%	13年	10年
12%	9年	7年

レが起きた国は珍しくない。

たとえば、IMF（国際通貨基金）のデータベースによると、トルコでは二〇〇三年の物価を一〇〇として、一九八〇年の物価は〇・〇〇三となっている。この二三年間で物価は約三万三三三三倍になったわけだ。平均すると一年間のインフレ率は約五七・三％となる。つまり、トルコでは物価が年率五七・三％の複利で二三年間上昇し続けたということだ。私たち日本人の身近な感覚で言えば、一〇〇万円で買えた中古車が二三年後には三三三億円払わないと買えないという感じだ。ハイパーインフレもまた複利の恐さを実感させる。

しかも、これはあくまでも統計の数字であり、ハイパーインフレに見舞われた国ではたいてい闇の商品が出回るから、実際のインフレ率はさらにひどかったと考えられる。

また二〇〇九年一月にはジンバブエでは、これほどすさまじいインフレが起こりうるのか？　と驚愕するようなハイパーインフレが発生した。非公式ではあるが、そのインフレ率は「六五×一〇の一〇七乗」％である。数字を並べると、六五の後にゼロが一〇七つ付くわけだ。この「一〇の一〇七乗」という数字をなんと読むのかはわからない。米粒の話で出てきた「秭」という単位でも二五桁で「一〇の二四乗」という天文学的な数字になるが、それをはるかに上回る。「一〇の六八乗」を「無量大数」という単位で呼ぶそうだが、それをも上回る数字で想像を絶する。

実はこの「六五×一〇の一〇七乗」％というインフレ率は、二四・七時間ごとに価格が二倍になるペースだという。つまり、大まかに言えば毎日、物価が二倍になるということだ。秀吉を唸らせた米一粒の話が、まさに現代のジンバブエで現実のものとなったのである。

意外と簡単な複利の計算

単利の計算が非常にシンプルなのに対し、複利の計算は少々複雑だ。一年複利の数式を一八九ページの図に示したが、「一＋年利」を年数分掛け合わせたものに元本を掛ける。年数が多くなるとこの計算はかなり面倒になる。

そこで、ぜひ文明の利器を使いたい。なんと言っても手軽なのは電卓だ。電卓を使えば複利計算は非常に簡単にできる。その方法をご紹介しよう。まず、「一＋年利」を計算する。年利五％なら「一＋〇・〇五」で「一・〇五」となる。ここは慣れたら暗算でいこう。年利一〇％なら「一・一」、年利一二％なら「一・一二」という要領だ。ここからは電卓のメーカーによって操作が異なる。

カシオ系の場合は「一・〇五」の後、「×」（掛ける）を二回押す。続けて、「＝」（イコール）を一回押すと、二年後の倍率が出る。もう一回「＝」を押すと三年後、さらにもう一回押すと四年後の倍率が出る。一〇年後の倍率を知りたければ、「＝」を九回押せば良い。最後に、元本の金額を掛ければ元利合計金額がわかる。シャープ系の場合は、「一・〇五」の後、「×」（掛ける）を一回押す。その後の操作はカシオ系と同様だ。

また、パソコンを使う人なら、エクセルなどの表計算ソフトを使えば複利計算は簡単にできる。方法についてはインターネットで検索すればいくつも

複利の計算方法

元本×（1＋年利）^{年数}＝元利合計金額

例 元本100万円を年利5％（1年複利）で運用すると、5年後の元利合計金額はいくらか？

100万円×（1+0.05）^{5} ≒ 127万6,251円

電卓で下記の手順で操作すれば、簡単に複利計算ができる！

上記例の場合

①1＋0.05＝

②「×」を2回（カシオ系）または1回（シャープ系）押す

③「＝」を4回（5年－1年）押す

④1.2762815625　←５年後の倍率

⑤×1,000,000＝

⑥1,276,281.5625　←５年後の元利合計金額

載っているので参考にするとよいだろう。複利の計算式があらかじめ組み込まれているサイトもある。これなら表計算ソフトを使わなくても、元本の金額、年利、運用年数などを入力するだけで元利合計金額がわかるので便利だ。

電卓やパソコンがない場合も、条件によっては暗算で大まかな複利計算ができる。特に有名なのが、第一章でも述べたが「七二の法則」と呼ばれるものだ。概算ではあるが、複利で元本が何年で二倍になるかがわかる。計算は非常に簡単で、七二を年利で割ればよい。たとえば、年利八％で複利運用すると、元本が二倍になるのは七二÷八で九年ということになる。逆に、「九年で元本を二倍にするには年利何％で運用する必要があるか?」というアプローチも可能だ。七二÷九で八％ということになる。実際には、年利八％で九年間、複利運用すると、元本は一・九九九倍になる。

このように、正確な計算を行なう際には利用すべきではないが、元本を二倍にするのに必要な年利や年数が大まかにでもわかるので便利だ。七二の法則はぜひ覚えておくとよい。

72の法則

複利計算で元本が何年で2倍になるか？（概算）

年利 1%(72÷1=72) ➡ 72年で2倍

年利 2%(72÷2=36) ➡ 36年で2倍

年利 3%(72÷3=24) ➡ 24年で2倍

年利 4%(72÷4=18) ➡ 18年で2倍

年利 6%(72÷6=12) ➡ 12年で2倍

年利 8%(72÷8=9) ➡ 9年で2倍

年利 9%(72÷9=8) ➡ 8年で2倍

年利 12%(72÷12=6) ➡ 6年で2倍

年利 18%(72÷18=4) ➡ 4年で2倍

年利 24%(72÷24=3) ➡ 3年で2倍

年利 36%(72÷26=2) ➡ 2年で2倍

年利 72%(72÷72=1) ➡ 1年で2倍

〇・〇一％だと倍になるのに七〇〇〇年、一二％なら七年

わが国ではバブル崩壊後、二〇年以上に亘り超低金利時代が続いている。今や預金金利はほぼゼロと言っても過言ではない。大手都銀の預金金利は定期預金で〇・〇一％、普通預金にいたっては〇・〇〇一％という状況だ。ここまで金利が低いと預金ではほとんどお金が殖えない。銀行預金でお金を倍にするには何年かかるか？　定期預金の〇・〇一％で計算するとなんと六九三二年もかかる。ほぼ七〇〇〇年である。普通預金の〇・〇〇一％で計算すると六万九三一六年後にようやく二倍になる。ほぼ七万年だ。いずれも人間の寿命をはるかに上回る途方もない年月であるから、現在の預金金利で資産を倍にすることは一〇〇％不可能だ。すでに述べたように、金利が一％でも一年複利で運用すると、元本が倍になるのに七〇年かかる。

しかし、金利が三％になれば二四年で元本は倍になるし、金利が五％になれ

ば一五年で元本は二倍だ。もし一二％で運用できれば七年足らずで元本は二倍になる。もちろん、今の預金金利は一％にも遠くおよばないから、銀行預金で運用する限り無理な話だが、株式などのリスク性商品で運用すれば可能性は残される。ただ、今や日本だけでなく世界的に慢性的な低成長、低インフレに陥っている。このような状況の中で株式投資を行なうというのは強い逆風を受けて前進するようなものだ。それでも銘柄を巧みに選別することができれば資産を殖やすことは不可能ではないが、それは決して容易なことではない。下手に手を出せば、資産を殖やすどころか大きく目減りさせかねない。

では、資産を殖やすのは諦めるしかないのか？　そんなことはない。低成長、低インフレ、低金利という非常に困難な時代でも、特殊なノウハウを使った海外ファンドであれば年率一二％で資産を殖やすことは十分可能である。年率一二％のリターンというとまったく現実味のない話に聞こえるかもしれないが、このような海外ファンドであれば無理のない目標と言える。

実は海外ファンドの中には年率二〇％、三〇％という高いリターンを上げるものも珍しくないから、年率一二%というリターンは必ずしもハイリターンとは言えない。目標をさらに引き上げることもできる。ただし、目標リターンを高くすればするほど、当然リスクも高くなる。金利がほぼゼロで、物価もほとんど上がらない現在の状況を考えれば、年率一二%でも相当高いリターンと言えるのではないだろうか。

リスクを抑えつつ複利効果を活かしながら年率一二%という、海外ファンドにとっては控えめなリターンを目指すのが現実的な選択肢と言えよう。

第五章

「年一二%複利の海外ファンド」とは

世界は収益機会を失ったのか

先進国全体で金利がほとんどなく、日本や欧州ではマイナス金利が常態化する中、運用収益を稼ぎ出す方法はあるのだろうか。

たとえば、年率六％の運用収益を安定的に稼ぎだすことを考えてみよう。一九八〇年代の頃の日本がバブル経済の時代であれば、定期預金をしておけば何もしなくても付いた金利である。アメリカであれば、二〇〇八年金融危機前の預金の水準だ。その六％がどうも今は難しい。一体、どれくらいの人が自信を持って「できる」と答えられるだろう。

では、本当に世界には収益機会が消えてしまったのだろうか。

確かに、マイナス金利下では預金に収益機会を求めることはできないが、誰もが簡単に得られる状態ではなく、わかりにくくなっているだけである。今年二〇一六年になってからも、二月一一日に二六米ドル台の大底を付けたＷＴＩ

原油相場は、その約三ヵ月後の五月一八日に四八米ドル台になっている。八〇％超も上昇しているのである。金も原油ほどの上昇幅ではないが今年に入ってから六月末までで約二五％上昇している。今年の良いタイミングで原油や金を購入していればちゃんと資産を殖やすことができたのである。

また、上級者のやり方になるが、日本株で今年初めから取引しても資産を殖やすことができる。日本株、つまり日経平均の取引である。ご自身で株をされている方は「おやっ」と思ったことだろう。日経平均は今年一月四日の始値が一万八八一八・五八円であった。それが五月末で一万六九八八・六四円と約一〇％下落しているのである。原油や金のように上昇する相場で収益を上げるのでなく、下落する時にどのように収益を上げるのか。使うのは先物の売りである。今年初めの約一万九〇〇〇円の価格で売って、五月末の約一万七〇〇〇円で買い戻すと、一〇％の収益が出るのである。

原油や金のような上昇相場でも日経平均のような下落相場でも収益を上げることはできる。実は、相場は上下どちらにでも動きがあれば、収益機会が存在するのである。しかも、もっと裏技にはなるが、相場に動きがなくても収益を上げるような金融商品も存在する。

運用のプロ集団、ヘッジファンド

世界中に転がっている収益機会を、血眼になって常に狙っている運用のプロ集団がいる。ヘッジファンドという存在である。

ヘッジファンドの起源は一九四九年のアメリカと言われている。ヘッジファンドを最初に事業化したという意味で、米国コロンビア大学の社会学博士であるアルフレッド・W・ジョーンズの名前がヘッジファンドの祖として挙げられる。ジョーンズは、長期保有が前提とされていた株式投資において、時々起きる大暴落に対応する方法を編み出した。株式の買いを行なうと同時に株式の売りを組み合わせる投資戦略を考え出したのである。これがヘッジファンドの祖であり、下落リスクを回避するという意味で〝ヘッジ〟という言葉が使われた。

さて、このヘッジファンド、一般的に認知されるのは一七年後の一九六六年のことである。きっかけは経済誌「フォーチュン」に取り上げられたことだ。そこからヘッジファンド運用が活発に行なわれるようになった。ヘッジファンドの帝王と異名が付き、伝説のトレーダーと呼ばれたマイケル・スタインハルトがヘッジファンド運用を始めたのは一九六七年のことである。その二年後の一九六九年には、かの〝イングランド銀行を潰した男〟と名高いジョージ・ソロスが運用を開始している。

ヘッジファンドの運用が黄金期を迎えるのは、一九八〇年代からのことである。背景には、一九七〇年代にそれまで国家予算の多くを当てていたロケット開発の資金を削ったことで、ＮＡＳＡをはじめとし物理学者の就職口が少なくなったことがある。一九八〇年代に入り、金融市場で〝オプション取引〟が活発になり、金融に理工学の知識が必要になったところに当時職を求めていた物理学者が呼応し、大量にウォール街に流れ込んだのである。結果、金融工学が発達し、ヘッジファンドが隆盛を極めたのだ。特に一九九〇年代になると、

「ヘッジファンド」という言葉を誰もが使うようになった。ジョージ・ソロスがイングランド銀行を打ち負かしたのは一九九二年のことだが、その件で一躍世界中の誰もが知る存在となり、彼の活躍に注目があつまった。この一九九〇年～二〇〇〇年前半は、ヘッジファンドにとって黄金期であった。

一昔前のヘッジファンドの世界は実に華やかである。ジョージ・ソロスが運用した「クォンタム・ファンド」は、年率二〇%リターンをなんと四〇年以上も続けた。「クォンタム・ファンド」ほどではないにしても、当時は年率二〇%超を出す優秀なファンドが多数存在していた。

超富裕層向けから一般向けになったヘッジファンド

「ジョージ・ソロスの『クォンタム・ファンド』がスタートした時に一〇〇万円預けておけば、今頃大富豪に……」と〝たられば〟の話があるが、実際にはそのような小口でヘッジファンドにアクセスすることはできない。最低投資金額が一〇万ドル、五〇万ドルなら良い方で、中には一〇〇万ドル、五〇〇万ドルという大口のまとまった額を要するものも多かったのである。しかも、その金額を持っていたからといって、誰もが投資できるわけでもない。そもそものような美味しい情報は、一般には出回っていなかった。一部の特定の人しか知らないという特別な世界で、ヘッジファンド投資は一部の超富裕層の特権だったのだ。

その特権だったヘッジファンドが、一九九〇年代後半から段々と一般向けになってきた。最低投資金額が一〇万ドルや五万ドル、場合によっては三万ドルといったものが登場してきたのである。超富裕層でなくとも、少しまとまった資金を持つ小金持ちであれば、ヘッジファンドにアクセスできるようになり始めたのである。

そして、それと同時に利回りの低下も見られた。大衆化することによって、ヘッジファンド投資をする側のリスク許容度に変化が見られたことにも起因するだろう。結果、あまり無理せずに年率一五～二〇％を狙うファンドが増えたのだ。

では、現在のヘッジファンドの環境はどうかと言えば、年率リターンで一五～二〇%を狙うファンドはかなり少なくなった。積極的に収益を狙うヘッジファンドでも年率リターンは一〇～一五%ほどである。安定感を重視するヘッジファンドであれば年率リターンは六～八%程度になってしまうだろう。

投資家層にも変化がある。小口化されて一般化されてきたヘッジファンドは、再び富裕層向けに大口のファンドが増えてきているのである。

収益機会は方向性か価格差か

ヘッジファンドの特徴を示すのに、〝絶対収益〟という言葉がある。これは市場に関係なくあらゆる相場で収益を狙うという意味だが、ヘッジファンドもあいにく下がる時は下がる。特に、積極的に収益を目指すヘッジファンドのなかには、かなり下がるファンドもある。

ヘッジファンドの収益の狙い方は大きく二つである。方向性で収益を出すか、価格差で収益を出すかだ。前者の方は「ディレクショナル戦略」と呼ばれる。相場がどちらの方向に動くかを当てるやり方で、見事当たった時には収益は大きく、外れた時には損が大きい。上下の動きが大きくなりがちで、積極運用を行なうヘッジファンドが多い。

もう一つの価格差を狙う運用は「アービトラージ戦略」である。例を挙げると、二つ以上の相場を比較して、割安・割高を見出す。そして、割安な方を買うと同時に割高な方を売る。価格差が縮まると収益を出し、価格差がさらに開くと損が出る。価格差を狙う場合、それほど大きな収益を狙うことはできないが、勝率が高くなりやすく、安定運用を行なうヘッジファンドが多い。

年率一二％複利の運用は可能か

この本のタイトルのテーマである年率一二％複利の運用は可能かと言われれ

ば、即座に「可能だ」と回答ができる。ただ、〝安定的に〟という言葉が枕に付くと意外に難しい。

そもそも安定的という言葉は感覚的で人それぞれイメージに違いがある。それを、誰もがわかりやすくするにはどうするか。数字を使って定義してしまえばよいのだ。そこで使うのはリスクの数字である。ハイリスク・ハイリターンやローリスク・ローリターンという時に使うリスクだ。金融商品を比較する時などに便利な数字である。

金融用語の「リスク」は、危険性という意味の他、不確実性という意味も持つ。具体的には、リターンに対して上下どの程度の振れ幅があるかということだ。このリスクの数字は、それだけ聞いてもイメージが付きにくいので、代表的な金融商品と比較すると捉えやすい。代表的な金融商品とは、株式と債券である。ここに挙げるのはあくまで代表例としてだから、先進国の株式指数と先進国の債券を前提としている。それで見ると、一般的な株式指数は年率リスクが一五～二〇％ある。債券は四～五％ほどである。つまり、株式投資を行なっている人は実はこのリスクをすでに許容して行なっているのである。しかも、実態としてはそれ以上のリスクを背負っている。年率リスク一五～二〇％というのは株式指数という平均値に対するもので、個別銘柄の方が上下の動きは大きいのだ。

話を戻すと、一二％を安定的に運用することを考えた時、株式投資よりも上下のブレは抑えた方が誰もが安心して見ていられるだろう。するとリスクの数字は一五％以下というわけだが、ここでヘッジファンドに限らずあらゆる投資を行なってきた筆者のカンを取り入れると、年率リスクは一〇％に抑えるとずいぶん安定している印象になる。そして、できるのであれば、なるべく債券並みの年率リスク四～五％に数字を近づけたい。それでいて年率リターン一二％の運用を行なうとなると、現在の相場環境では実はかなりしんどい。

では、あきらめるのか。いや、その必要はなく、一つ解決方法があるのだ。それは、分散効果を利用するという方法である。

財産三分法と分散効果

「財産三分法」という言葉を聞いたことがあるだろうか。一昔前の言葉だから、最近、特にここ一〇年ぐらいの間に資産運用を始められた方は知らないかもしれない。「財産三分法」とは、資産を「株式」「債券」「不動産」の三つに分けるという分散方法のことだ。なぜこのように分散するのかと言えば、株式と債券と不動産は基本的には別々の動きをするからだ。それどころか逆に動く時もある。

このように二つ以上の相場を比べた時に別々に動く場合、専門用語で「相関関係がない」と言う。また、逆に動くことを「逆相関がある」と言い、もし同じように動いた場合には「（正の）相関がある」と言う。そして、効率の良い分散を考えた時、「相関関係がない」または「逆相関がある」ものを選ぶと有効な分散効果を得ることができる。「（正の）相関がある」ものを選ぶと、有効な分散効果を得ることができない。

具体的に分散効果とは、リスクを軽減する効果のことである。年率リターン一五%で、年率リスク一四%という魅力的な金融商品が二つあった場合、その二つがまったく同じ動きをしていれば、二つに半々で投資を行なっても年率リターン一五%で、年率リスク一四%のまま変わらない。しかし、その二つが別々の動き（相関関係がない動き）をしていたり、まったく逆の動き（逆相関の動き）をしていたりすると、半々で投資を行なった場合には、年率リターンは一五%のままで、年率リスクは一四%よりも下げることができる。

では、どこまでリスクの数字を下げることができるか。理論上では限りなくゼロに近づけることもできるのである。年率リスクゼロと言えば、預貯金の世界である。預貯金は、その金融機関が破綻しなければ決められた利息が確実に毎年もらえる。価格の上下はなく、年率リスク〇%なのである。

年率リスク一四%という株式指数に似たリスクの数字を分散効果によって限りなくゼロに近づける。果たしてそんなことが可能なのだろうか。実際の数字を使って検証してみよう。

ここに「A」という金融商品があったとする。この金融商品Aは一ヵ月後に五・〇%上昇し、その一ヵ月後に二・五%下落し、それを交互に繰り返す金融商品である。もちろん実際にそのようにきれいにジグザグ動く金融商品はなく、架空のものである。そしてもう一つ架空の金融商品「B」を作る。これはAと逆に動くようにする。一ヵ月後に二・五%下落し、その一ヵ月後に五・〇%上昇し、それを交互に繰り返すようにする。すると、一二ヵ月後、AとB共に一五・一%上昇することになる。年率リターン一五%の金融商品のできあがりである。そして、その間の上下のブレから導きだされる年率リスクはAとB両方とも一三・六%、年率リスク一四%ができあがる。このAとBを半々で投資を行なうと、年率リターンは一五%のままであるが、年率リスクの方に目を向けると〇・三%まで下がっているのである。

リターンを残したままリスクを下げる、これが分散効果である。年率リスク〇・三%と限りなくゼロに近い数字だから、チャートはほとんど上下せずにき

金融商品AとB

	Aの推移	Aの騰落率	Bの推移	Bの騰落率
スタート	100.0		100.0	
1ヵ月後	105.0	5.0%	97.5	−2.5%
2ヵ月後	102.4	−2.5%	102.4	5.0%
3ヵ月後	107.5	5.0%	99.8	−2.5%
4ヵ月後	104.8	−2.5%	104.8	5.0%
5ヵ月後	110.0	5.0%	102.2	−2.5%
6ヵ月後	107.3	−2.5%	107.3	5.0%
7ヵ月後	112.7	5.0%	104.6	−2.5%
8ヵ月後	109.8	−2.5%	109.8	5.0%
9ヵ月後	115.3	5.0%	107.1	−2.5%
10ヵ月後	112.5	−2.5%	112.5	5.0%
11ヵ月後	118.1	5.0%	109.6	−2.5%
12ヵ月後	115.1	−2.5%	115.1	5.0%

AとBに半々で分散した結果

	A＋Bの推移	A＋Bの騰落率
スタート	100.0	
1ヵ月後	101.3	1.3%
2ヵ月後	102.4	1.1%
3ヵ月後	103.7	1.3%
4ヵ月後	104.8	1.1%
5ヵ月後	106.1	1.3%
6ヵ月後	107.3	1.1%
7ヵ月後	108.6	1.3%
8ヵ月後	109.8	1.1%
9ヵ月後	111.2	1.3%
10ヵ月後	112.5	1.1%
11ヵ月後	113.9	1.3%
12ヵ月後	115.1	1.1%

分散効果検証

	金融商品A	金融商品B	金融商品A＋ 金融商品B
年率リターン	15.1%	15.1%	15.1%
年率リスク	13.6%	13.6%	**0.3%**

A+Bの推移

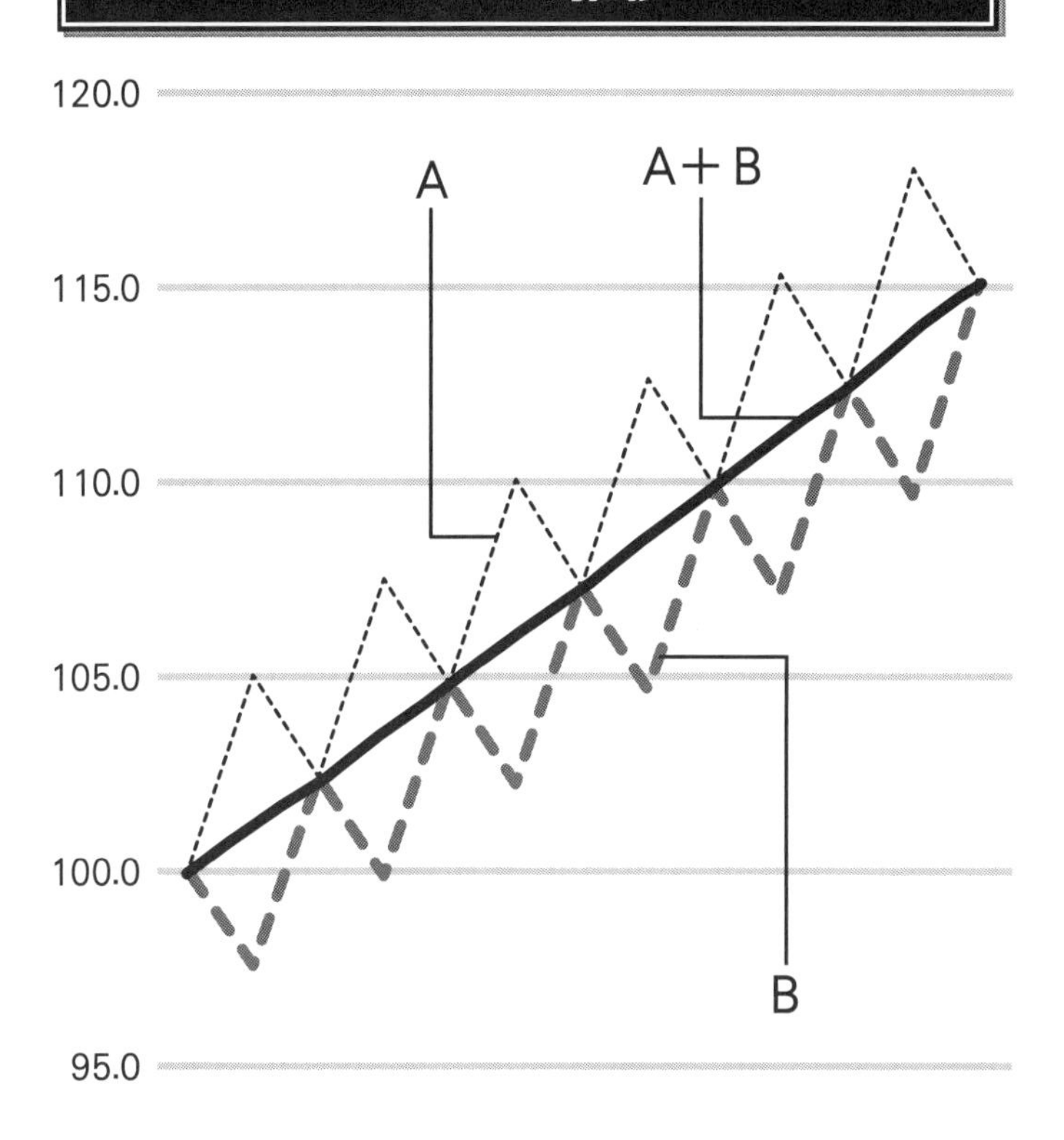
120.0
115.0
110.0
105.0
100.0
95.0
90.0
A
A+B
B
スタート
1カ月後
2カ月後
3カ月後
4カ月後
5カ月後
6カ月後
7カ月後
8カ月後
9カ月後
10カ月後
11カ月後
12カ月後

れいに右肩上がりになる。
カンの良い方は気付かれたかもしれないが、ヘッジファンドが行なう似通った相場で割安な方を買って割高な方を売る行為も、逆相関を活用した取引行為で、一種の分散効果を活用しているのである。それに限らず、ヘッジファンドは相関関係を使って分散を行なったりしている。実は、優れたヘッジファンドはその運用の中で、分散効果を最大限活用しているのである。

本書の一つのテーマが「複利効果」であるが、もう一つのテーマがこの「分散効果」である。複利効果で、資産をじっくり大きく殖やす。そして、その過程はなるべく安定的に推移するように分散効果を利用するのだ。

現実の相場では、年率リターン一二%を期待しながら、二一〇ページの図のように年率リスクをほぼ〇%にまで落とすことは難しいが、年率リスクを一〇%以下に落とすことはそれほど難しくない。そして、できれば債券並みの年率四～五%までに近づけることを目指したい。年率リターン一二%の運用収益を安定的に狙うには分散効果を活用すれば良いのである。一つのファンドだけではなく、動きが似ていない、またはまったく逆に動きそうなヘッジファンドを組み合わせるのである。

ヘッジファンドの運用戦略

ヘッジファンドの運用戦略は大別すると、方向性を狙うか価格差を狙うかの二つだ。これをもっと細分化してみよう。人によって区分分けが異なるが、一九九四年からのデータを持つクレディスイス・ヘッジファンド指数による区分分けは「転換社債裁定戦略」「ショート・バイアス戦略」「新興市場戦略」「株式マーケット・ニュートラル戦略」「イベント・ドリブン戦略」「フィックスド・インカム戦略」「グローバル・マクロ戦略」「株式ロング・ショート戦略」「マネージド・フューチャーズ戦略」「マルチ戦略」の一〇種類である。

この一〇の戦略は、ヘッジファンドの基本戦略である。戦略ごとの特徴を簡単に解説するので、しっかりつかんでおいて欲しい。

転換社債裁定戦略

裁定戦略とは、アービトラージ戦略とも呼ばれる価格差狙いの運用である。これを転換社債などの市場で行なう戦略だ。一昔前の二〇〇〇年頃に一世を風靡した運用戦略で、その頃は転換社債とその企業の株式との間の価格差を狙っていた。

転換社債とは、その名の通り株式に交換できる社債である。社債の特徴を持ちつつ、株式の動きに連動する。転換社債が割安になっている時に、転換社債の買いを行なうと同時にその企業の株式を売るのである。転換社債は社債の特徴から株価が下がっている時でも下値が限られる。だから転換社債を買って株を売った時、価格差が開いてマイナスを出すことが起こりにくい。実に、理にかなった運用戦略である。ただ、この優れた戦略は誰もが知るところとなり、収益機会があまり生まれなくなった。

だから、今ではもっと複雑な価格差を狙う方法で運用している。転換社債裁

ヘッジファンドの10の運用戦略
クレディスイス・ヘッジファンド指数による分類

1. 転換社債裁定戦略
2. ショート・バイアス戦略
3. 新興国市場戦略
4. 株式マーケット・ニュートラル戦略
5. イベント・ドリブン戦略
6. フィックスド・インカム裁定戦略
7. グローバル・マクロ戦略
8. 株式ロング・ショート戦略
9. マネージド・フューチャーズ戦略
10. マルチ戦略

※情報機関によって呼び名や分類は異なる

定戦略は、もっと広義な意味で使われているのが実情である。

二　ショート・バイアス戦略

ショート・バイアス戦略は売り中心の方向性を狙う戦略である。先物の用語で、ショートは「売り」を意味する。逆に「買い」はロングと言う。

ショート・バイアス戦略の特徴は〝危機に強い〟ということだ。二〇〇八年の金融危機の際、ヘッジファンドの一〇の運用戦略はほとんどが大きなマイナスを出す中、このショート・バイアス戦略と後で登場するマネージド・フューチャーズ戦略の二つだけが収益を上げることができたのである。

危機に強い運用のショート・バイアス戦略だが、普段は滅法弱い。ヘッジファンドの一〇の運用戦略の中で一九九四年からの長い期間で見た時、唯一負け越しているのがこのショート・バイアス戦略なのである。だから、普段はずっとマイナスを出して、危機があると瞬間的に上昇し、またマイナスを出し続ける。この戦略のファンドがすべてそうとは限らないが、ショート・バイアスは長期保有には向かない。短期間で、しかも今にもパニックが起きそうな時に投資をする方が良い。

三　新興国市場戦略

先進国ではなく新興国へ投資する戦略である。基本的には新興国の勢いに投資するため方向性狙いとなる。特に買いを行ない、上昇を期待することが多い。

二〇〇一年一一月三〇日付のゴールドマンサックスのレポートで一躍ブームになった「ＢＲＩＣｓ」（ブラジル、ロシア、インド、中国）投資はまさにこの戦略の投資対象である。他にも東欧諸国やアフリカ大陸、南米、東南アジアなどの先進国に含まれない地域への投資がすべて含まれる。新興国投資は、概してリスクが高くなる。そのリスクが高い地域へあえて投資を行なうのは、先進国では得られないような収益機会がまだ残っているためである。

四　株式マーケット・ニュートラル戦略

株式マーケット・ニュートラル戦略は価格差狙いの運用である。株式や株式指数を投資対象にして、「買い」と「売り」と両方組み合わせる。この時、市場中立を表すマーケット・ニュートラルの言葉通り、「買い」と「売り」の規模を同じぐらいにし、その価格差を狙うのである。

個別株同士で比較し、割安、割高を見出しながら取引することもあるが、指数を売って個別銘柄を買うことが多い。割安な日本の個別株を見つけた場合、それを「買う」と同時に日経平均やＴＯＰＩＸといった株式指数を「売る」のである。

五　イベント・ドリブン戦略

市場のイベントに関連する相場の動きを収益機会とする運用戦略で、方向性狙いの運用である。

株や債券であれば、企業の合併や倒産、業務提携、子会社の解散、再編、訴訟、規制や法律の変更などのイベントに対しての動きを狙ったりする。また、為替も含めて中央銀行が金融政策を決定したり指標を発表したりするイベントを収益機会にもする。

六　フィックスド・インカム裁定戦略

フィックスド・インカムとは固定収入のことで、それを見込むことができる債券などの間で、割安、割高を計算し価格差を狙う運用である。価格差狙いの運用は総じてリスクの数字が低いが、このフィックスド・インカム裁定戦略はその中でも特にリスクの低い運用が特徴である。しかし、その分収益力は低い。

七　グローバル・マクロ戦略

世界中（グローバル）をマクロ（大局）からの視点で、「買い」「売り」のアプローチをする方向性狙いの戦略である。

各国の政治的な動きや国の方向性、発表された指標から見て、収益機会を探す。一九九〇年代の花形ともいうべき運用戦略で、ジョージ・ソロスが行なった運用戦略で有名である。

八　株式ロング・ショート戦略

株式の「買い」と「売り」の両方を行なうが、通常は「買い」を多めにすることで株式相場の上昇という方向性を狙う戦略である。

通常の株式投資のように株式のロング（買い）を行ない、株価の上昇を期待しつつ、下落に備え一部をショート（売り）する。ロングは個別銘柄を行ない、ショートは株式指数で行なうことが多い。一見すると株式マーケット・ニュートラル戦略と同じように見えるが、株式ロング・ショート戦略はロング＞ショートとなることがほとんどで、ショートはあくまで株式相場の下落に備えたリスクヘッジを行なうため一部にとどめていることが多い。

九　マネージド・フューチャーズ戦略

先物（フューチャーズ）を管理（マネージド）しながら運用する戦略で、方向性を狙う。「ＭＦ戦略」と呼ばれる。一般的にはＣＴＡ（Commodity Trading Advisor）と呼ばれ、ヘッジファンドと区別される場合もあるが、クレディスイス・ヘッジファンド指数ではヘッジファンドの一つの戦略とされている。

一昔前はＭＦ戦略の典型はトレンドフォロー運用と呼ばれる相場に対して順張りの運用であったが、最近はそれ以外に、カウンタートレンド（逆張り）やミーンリバージョン（平均回帰、短期逆張り、短期の市場誤差修正）など多岐にわたる。特にトレンドフォロー運用は、市場の変動に強い特徴を持ち、極端なパニック相場で大きな収益を出す。

一〇　マルチ戦略

複合戦略のことで、一〜九のヘッジファンドの運用戦略のミックス型である。複数の運用戦略が組み合わさった運用であるため、ヘッジファンド全体の指数と似た動きになる。また、ヘッジファンドの一〇の運用戦略の中で、もっともリスクの数字が低い戦略であるが、これは分散効果によるものである。なお、どの運用戦略にも当てはまらない場合にも、このマルチ戦略に該当すると考えられる（さらに詳しくヘッジファンドのことを知りたい方は『驚くべきヘッジファンドの世界』〈第二海援隊刊〉をお読みいただきたい）。

ここまで「ヘッジファンドの一〇の運用戦略」を見てきた。戦略が異なると、動き方が違う。そのため分散効果を得るためには同じ戦略同士ではなく、別の戦略を混ぜながら行なうのが基本である。ただし、二〇〇八年の金融危機後は少し事情が異なってきており、最近は以下のような環境の変化が顕著である。

複雑になる市場と複雑になるヘッジファンド

最近、ヘッジファンドの環境にある変化が起きている。まだほとんど知られていないが、これからヘッジファンド投資を考えるにおいて重要な変化なので見過ごすことはできない。それは、先ほど挙げた一〇の戦略の中で動きの違いが以前よりも薄れてきているのである。そこまではっきり表れてはいないが、どれも似たり寄ったりになりつつあるのだ。

きっかけは二〇〇八年の金融危機である。二〇〇八年の金融危機は、確率統計上起こり得ないことが起きた。ヘッジファンドは確率統計・金融工学を駆使して運用される。その確率統計の世界で、起こり得ないことが起きた影響はヘッジファンドにとって想像を絶するもので、一部ショート・バイアス戦略とMF戦略以外の運用戦略が軒並み大きなマイナスを負った。個別のヘッジファンドでは、この世界的なショックに耐え切れず破綻したものも少なくない。二〇〇八年の金融危機を経験したヘッジファンドマネージャーは、誰もがこう思ったのである――「ブラックスワンが現れた」と。

「ブラックスワン」（黒鳥）とは、オーストラリアにのみ生息する固有種である。だから、普通の人はその存在を知らない。白鳥は白いもので、ブラックスワンなんているはずがないと思い込んでいる。しかし、ブラックスワンは確かに存在し、それに出遭った時の衝撃は計りしれない。このように、いないはず、起こるはずのない、事前に予想できない、ことが起き、その影響がかなり甚大である事象に対して、金融の世界ではブラックスワンと呼ぶ。二〇〇八年は、このブラックスワンが登場したのである。

ブラックスワンに一度でも遭遇すると、そのインパクトから誰もが対策を考えようとする。二〇〇八年の金融危機で見事に生き残ったヘッジファンドは、再度同じような出来事が起きた時、またはそれ以上の大きな出来事が起きた時のことを考え、自分たちの運用を見直したのである。

二〇〇九年以降の相場も、前年と同様に特殊な環境であった。ブラックスワンの影に誰もが怯え、中央銀行はブラックスワン退治に乗り出した。世界中が緩和の方向に向き、結果市場にはマネーが溢れた。しかし、それが十分に回転しない時期がずっと続いた。世界的にインフレにもならず、金利はご存知の通り世界中のあらゆる国で消え失せた。市場環境は、二〇〇八年の前と後でまったく変わってしまったのである。市場が変化すれば運用も変化せざるを得ない。種の起源でダーウィンが述べた通り、変化できないものは滅びるのである。ヘッジファンドの運用戦略も変化を余儀なくされたのである。

では、どのように変化をしたのか。現在の市場は何が起きても不思議はない複雑な市場環境である。二〇〇八年は確率統計上起こり得ないことが起きたし、最近ではマイナス金利という、常識では考えられない状況が起きている。一時期リスクオン・リスクオフの相場が繰り返されたが、それに対応する運用も行なう必要がある。

このように複雑な市場環境で、収益を出すには運用も複雑にならざるを得ない。ヘッジファンドが金融危機以降に行なったことは、戦略の垣根をなくすことであった。先ほど一〇の運用戦略をご紹介したが、一つの運用戦略に固執して魅力的な収益を挙げることはもはやできないのである。二〇〇八年より前の世界は、ヘッジファンドにとって今よりもずっと収益を上げやすい世界であった。その時は、一つの運用戦略だけでも十分対応することができたのだ。

しかし、今は違う。複雑な市場環境に対応するために、運用戦略を混ぜ合わせながら対応している。そう、すべてのヘッジファンドが「二〇のマルチ戦略」に近付きつつあるのである。

ヘッジファンド戦国時代――その仁義なき戦い

今更だが、ヘッジファンドとは何でもありなのである。「売り」も「買い」も行なうから、相場が上下どちらに動いても収益を上げることができる。では、相場が動いていない時はどうするか。「売り」と「買い」を両方組み合わせて市場にある価格差を狙う方法がある。またはオプションを使うと、相場が動かないという方向に賭けて、収益を上げることもできる。どんな相場環境であろうと収益を上げることは可能だし、これからのヘッジファンドはどんなやり方をしても良いから収益を上げたものが勝ちとなるだろう。

二〇〇八年までは、見えないながらも境界線があった。言い方を変えればルールがあったのだ。格闘技にたとえるのであれば、空手や柔道、相撲、ボクシング、プロレス、ムエタイなどその格闘技のルールに則って戦っていた。もちろん強い奴が勝ち残って収益を出す。ただ、ボクシング選手であれば殴り合いは得意で組技は苦手だし、柔道家であれば逆で組技は得意だが殴り合いは苦手である。それぞれ強みと弱みが存在していたし、それでも良かったのである。

二〇〇九年以降は、ルール無用の異種格闘技戦になった。特に今はそうだ。マイナス金利という異常な環境の中で、皆が血眼になって収益を求める。そこは、それぞれの格闘技のルールに則って戦うのではなく、何でもあり、勝てば官軍である。ヘッジファンドは、あらゆる市場環境を経験しながら、強いものが単純に勝ち残る、まさに弱肉強食の時代なのである。

そのようなヘッジファンド戦国時代において、投資家がヘッジファンドを選ぶ時にどのような点に注意すべきだろうか。運用戦略を確認することは、いまだに重要ではあるものの、今はそれだけでは足りない。もちろん、魅力的な運用結果が出ていることは当然の話である。実は、それ以外にもチェックするポイントはいくつかある。それを一つずつ見ていこう。

新時代ヘッジファンドのチェックポイントはここだ

一つ目のチェックポイントは、過去のデータを見る際、二〇〇九年以降の相場でしっかり収益を上げているかどうかということだ。二〇〇八年の金融危機は、金融の世界では恐竜を絶滅させた巨大隕石衝突ほどのインパクトがある。二〇〇八年以前と二〇〇九年以降では、まったく相場環境が変わっているのだ。だから、二〇〇八年以前にどれだけ魅力的な運用を行なっていようが、二〇〇九年以降奮っていなければ、それは過去のファンドなのである。選ぶのであれば、二〇〇九年以降にしっかり収益を出しているものでなければ意味がない。

二つ目は投資対象とファンドの規模である。世界中を投資対象にしているのか、ある特定の市場を投資対象にしているのか。それによって運用収益が異なり、運用の許容額も異なってくる。欧米市場は市場規模が大きいが、これまでの運用戦略では研究し尽くされた感がある。そのため、欧米市場を対象にするのであればこれまでとは異なるユニークな運用が求められる。一方、欧米以外の市場でアジアやそれ以外の新興国市場ではまだ金融がそこまで発達していないため、以前のやり方でも収益をあげることができたりする。ただし、市場規模は小さいので大きな金額を運用することができない。

三つ目は取引を行なう期間である。「買い」または「売り」から取引をスタートすることを「ポジションをとる」と言う。とったポジションは反対売買をすることで終了させるのだが、それを「ポジションを解消する」と言う。反対売買とは、「買い」からスタートした場合、「売り」を行なうことで取引を終了させる。「売り」からスタートした場合、「買い」を行ない、ポジションを解消する。ポジションをとってから解消するまでが取引を行なう期間、取引期間である。

一般的に取引期間で一番多いと言われているのが、数週間から数ヵ月の中期の期間である。ヘッジファンドも実は、この中期期間がもっとも多い。よくヘッジファンドは短期売買のように言われることがあるが、それは誤解である。ヘッジファンドで一番多いのは、やはりこの中期の取引激戦区なのである。取引激戦区は、取引量が多いため運用額を大きくすることができる。その反面、収益期待は少なくなる。より短期になればなるほど収益期待は大きくなるが、今度は取引量が少なくなるため運用額を大きくできない。デイトレーダーやHFT（ハイ・フリークエンシー・トレード、高速取引）の存在がマスコミで騒がれたりするのでヘッジファンドも同類に見られたりするが、一定規模になるとそのような運用はしたくてもできない。あくまで目安であるが、一〇〇億円を超えてくるとデイトレーダーやHFTのような極短期での運用はできないと考えられる。

まだまだチェックポイントはあるが、解説だけでは実際に年率一二％を安定的に運用できるという実感が湧かないだろうから、次に具体的なファンド例を使いながら、現在も魅力的なヘッジファンドがどのようなものかを紹介していこう。これらを活用することで、安定的に年率一二％複利を狙うことが可能である。すでに基本の部分、一〇の運用戦略やそれ以外にも最低限抑えるべきポイントを押さえているので、今度は実践編というわけだ。

優れたヘッジファンドには、必ず優れた投資哲学がある。だから、優秀なファンドの特徴をチェックすることは優れた投資哲学や考え方にも触れることで、運用の勉強になるのはもちろんのこと、自分を成長させる糧にもなりうる。だから単に金融商品の説明と捉えるのではなく、その根底にあるものも含めしっかりとマスターして欲しい。なお、難しい金融用語も混ぜながら解説するが、簡単な注訳も入るため内容はわかるようになっているので安心して欲しい。

これから三つのファンドを解説するが、これらは第二海援隊グループの投資助言を行なう「自分年金クラブ」で実際に情報提供を行なっているファンドである。具体的にこれらのファンドを活用する場合には、より専門的な知識が必要となるので、関心がある方は巻末の二八七ページをチェックして欲しい。

ヘッジファンド業界のサラブレッド「NP」

一つ目の「NP」は、方向性を狙う運用でグローバル・マクロ戦略を行なうファンドである。グローバル・マクロ戦略の中には、今時の運用のようにコンピュータですべて取引を行なうシステム運用のファンドもあるが、「NP」はコンピュータを取り入れつつも人間の判断も重視しながら行なうディスクレショナル運用のファンドである。「NP」が公表する報告書から基本的な数字を確認しておくと、二〇一一年三月〜二〇一六年四月までの五年二ヵ月の成績で年率リターン一五・六%、年率リスク一一・八%、総合収益率一〇二・五%となっている。総合収益率はこれまでに一〇二・五%増えたということで、つまり二・〇二倍になっているということだ。

日本でヘッジファンドの情報がいかに出回っていないかというのはこのファンドを見ればわかる。数字はもちろん魅力的だが、「NP」のすごみは他にもあ

NPのチャート

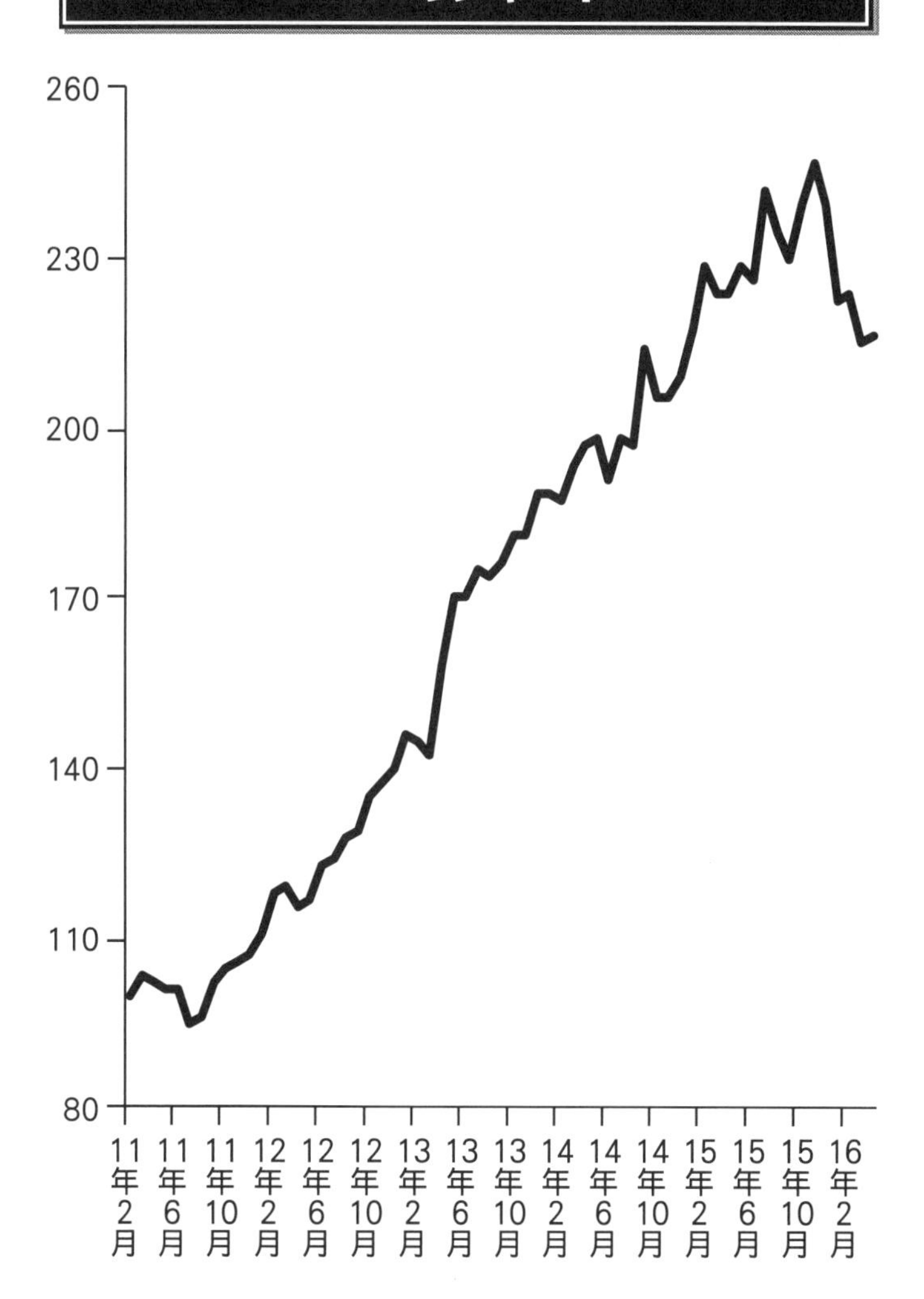
260
230
200
170
140
110
80
11年2月
11年6月
11年10月
12年2月
12年6月
12年10月
13年2月
13年6月
13年10月
14年2月
14年6月
14年10月
15年2月
15年6月
15年10月
16年2月

るのだ。というのも、「NP」を運用しているのは、イギリスの大手ヘッジファンド会社で、スタートした当初から一〇億米ドル（当時の為替レートで約九〇〇億円）の運用を任されていた。そこから急成長して、運用額は昨年二〇一五年末時点で一兆四〇〇〇億円規模に到達したのだ。運用のスタート当初から一〇億米ドル任されるというのは、いかに周囲の期待が大きかったかということで、しかもその期待に見事応えて結果を残しているのである。では、なぜ一〇億米ドルもの巨額な資金がスタートから集まったかと言えば、運用会社の親会社が預かり資産一〇〇兆円規模もある巨大金融機関であるからだ。「NP」の運用会社は、ヘッジファンド業界のサラブレッドのような存在なのである。

親会社の預かり資産一〇〇兆円は、日本のメガバンクや野村証券と肩を並べる規模だ。親会社は日本にも事務所があり、グループ会社では日本で募集している投信を運用していたりもする。それほどの会社でありながら、「NP」の運用会社はもちろんのこと、その親会社でさえ日本で報道されることは一切ない。このような運用会社が存在し、日本にも深くかかわっているのに、日本人が誰も知らないのである。

私は最近、講演会で「日本は金融の後進国」という話をする。人によっては怒るかもしれないが、事実なのだから仕方がない。この「ＮＰ」の件を見ても明らかである。

「ＮＰ」は長期予想重視

「ＮＰ」の運用はコンピュータで分析した上で、人の判断を加える。「ＮＰ」の運用に携わるのは三七人のスペシャリストだ。その運用は、一週間以内の短期取引と半年以上の長期取引の二つに分けて行なわれる。短期取引は、現場の判断で随時行なう。そして「ＮＰ」のメインである長期取引は、チームでミーティングをしながら投資方針を決めていく。一週間～半年までの中期取引は、取引が集中する激戦区のため、あえて外している。

他にもこだわりはある。成功しているヘッジファンドに共通する点で、流動性を重視している。流動性とは、すぐに動かせるかどうか、現金化できるかどうかである。「NP」は、やろうと思えば一日の間ですべてのポジションを解消できるほど流動性を重視している。そのため、投資対象は株式、債券、通貨をメインにそこに補足で最近注目されている市場の変動幅の取引を加えている。

相関性を使った価格差狙いで安定感重視の「KA」

二つ目の「KA」は、価格差を狙う運用である。市場にある細かな価格差から少しずつ収益を積み重ねていくため、安定感重視の運用となる。価格差狙いの運用は収益もそれほど大きくは期待できない。特に、すでに知られている価格差狙いの方法には価格差はほとんど存在せず、収益を出すことは難しい。だから、価格差狙いの運用はどの価格差を狙っているのかに注目する必要がある。「KA」の運用はレラティブバリュー・コリレーションという戦略だ。レラティブバリューが価格差狙いという意味で、コリレーションとは相関性を意味する。

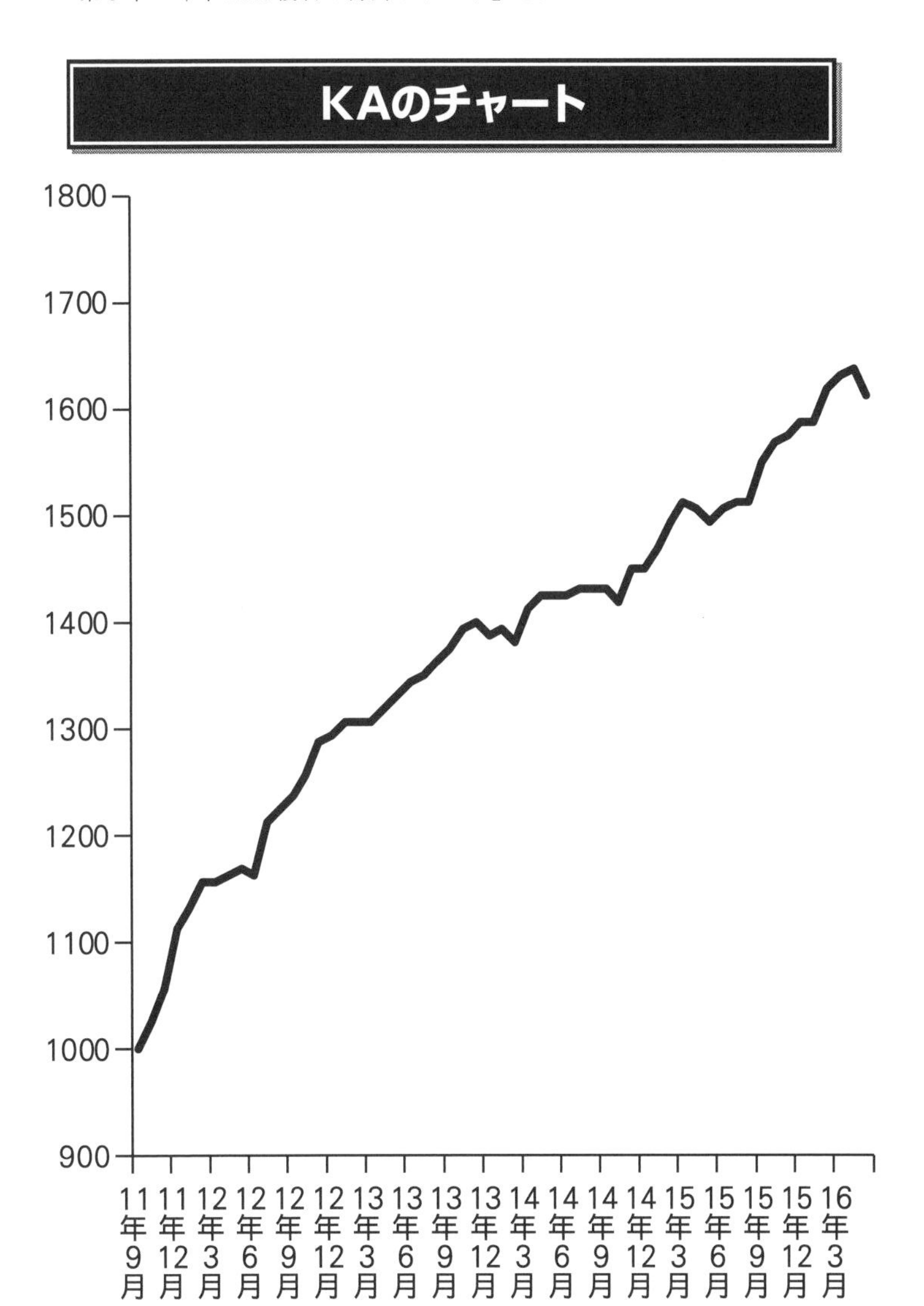
KAのチャート
1800
1700
1600
1500
1400
1300
1200
1100
1000
900
11年9月
11年12月
12年3月
12年6月
12年9月
12年12月
13年3月
13年6月
13年9月
13年12月
14年3月
14年6月
14年9月
14年12月
15年3月
15年6月
15年9月
15年12月
16年3月

つまり、価格差をコリレーション（相関性）を使って見つけて取引する戦略ということだ。

先に「ＫＡ」が公表する報告書から基本的な数字を確認すると、二〇一一年九月〜二〇一六年四月までの四年八ヵ月の成績で、年率リターン一〇・七％、年率リスク四・二％、総合収益率六〇・九％となっている。これまでに一・六倍になっているわけだ。ここで注目は、やはりリスクの数字である。年率リスク四・二％という数字は、先進国の債券並みのリスクの数字である。それでいて年率リターンが二桁あるわけだから、大したファンドである。

コリレーションと「ＫＡ」

ヘッジファンドが一番重視する点は、実は収益を最大化することではない。いかに安定的に収益を上げるか、つまりリスクをどれだけ軽減できるかという点を一番重視している。だから、優れたヘッジファンドは分散効果を使うわけだが、そのためにコリレーション＝相関性を最大限活用する。

日本株に投資をされている方は、円安効果をご存知だろう。通常、円安になれば日本株は上昇する。逆に、円高になれば株が下がるのが一般的だ。仕組みはここでは説明しないが、この円安になれば株が上がるという点が相関に繋がる。この場合、円／ドルの為替と日本株の相場には、関連性がある。つまり、相関があることになる。このような相関性は、一般的に知られている。一方で、一見すると関係がなさそうな市場でも、実は相関があったりする。そのため、ヘッジファンドはできる限りの市場データを集めて相関性を比較している。

たとえば、大豆とＮＹダウの相関性や原油と日本国債の相関性、トルコリラと日経平均など、ありとあらゆる相場の相関性を比較するのである。相関性は相関係数という数字でデータ化できる。その相関係数によって、様々な相場の相関性を一目でわかるように一覧表にしたコリレーションヒートマップ（相関ヒートマップ）と呼ばれる表を作ったりする。

「ＫＡ」は、あらゆる相場の相関性を常に比較し、相関がある二つ以上の相場に現れた時の価格差を狙う。それを二四時間休まずに行なっている。こんなことは人にはできないから、「KA」は全自動のコンピュータ運用を行なっている。つまり、システム運用である。また、普段は関係がない相場も、とある短い期間では相関性が表れたりする。その短い期間の中で現れる価格差も狙ったりする。「KA」の取引期間は最大三日と、かなりの短期狙いなのである。

「KA」の投資対象は、株式、債券、通貨、商品と基本の四大市場をメインにしている。この四つの市場の中でも流動性に気を使いながら、すぐに現金化できるようにもしているのだ。

リスクがほぼゼロ？「AT」

三つ目にご紹介する「AT」は、ヘッジファンドではない。実業としてマイクロファイナンスを行なうファンドなのである。基はアフリカだけを投資対象に生まれ、今ではアメリカやオランダ、オーストラリアといった先進国も対象にしている。

運用の仕組みは後回しにして、「ＡＴ」が公表する報告書から基本的な数字を確認すると、二〇〇九年八月～二〇一六年四月までの六年九ヵ月の成績で年率リターン七・七％、年率リスク〇・四％、総合収益率六四・五％となっている。年率リスクの数字に注目すると、小数点以下四捨五入するとゼロになるという、ほぼゼロに近い驚異の数字となっている。チャートを見ても今まで一度もマイナスになったことがなく、それほど収益は高くないものの確実に上昇を続けているのである。これだけ綺麗なチャートの場合、長年のカンでは詐欺と疑いたくなるのだが、調べてみると実際に存在しきちんと運用されているファンドだったので驚きである。

では、なぜこのような綺麗なチャートになるのか。その運用の謎を紐解くカギとなるマイクロファイナンスの説明も含め仕組みを確認していこう。

金融の最先端を取り入れた古典的な金融

マイクロファイナンスは、二〇〇六年にムハマド・ユヌスが行なうグラミン銀行がノーベル平和賞を受けたことで一躍注目された。日本ではその後あまり話題になっていないが、世界ではどんどん拡大している。グラミン銀行が行なうマイクロファイナンスによって、ボランティアのイメージを持たれている方もいるかもしれないが、それは完全な誤りである。マイクロファイナンスとは小口金融のことで、グラミン銀行は小口の融資を行ない、しっかり回収するという実際の銀行業を行なっているのである。グラミン銀行は貧困者に手を差し伸べていたためノーベル平和賞を受賞したが、ボランティアではなく実業なのである。

「AT」は、このマイクロファイナンスをアフリカで始めたファンドである。元々アフリカでは銀行システムが発達しておらず、一般人が簡単に融資を受け

ATのチャート

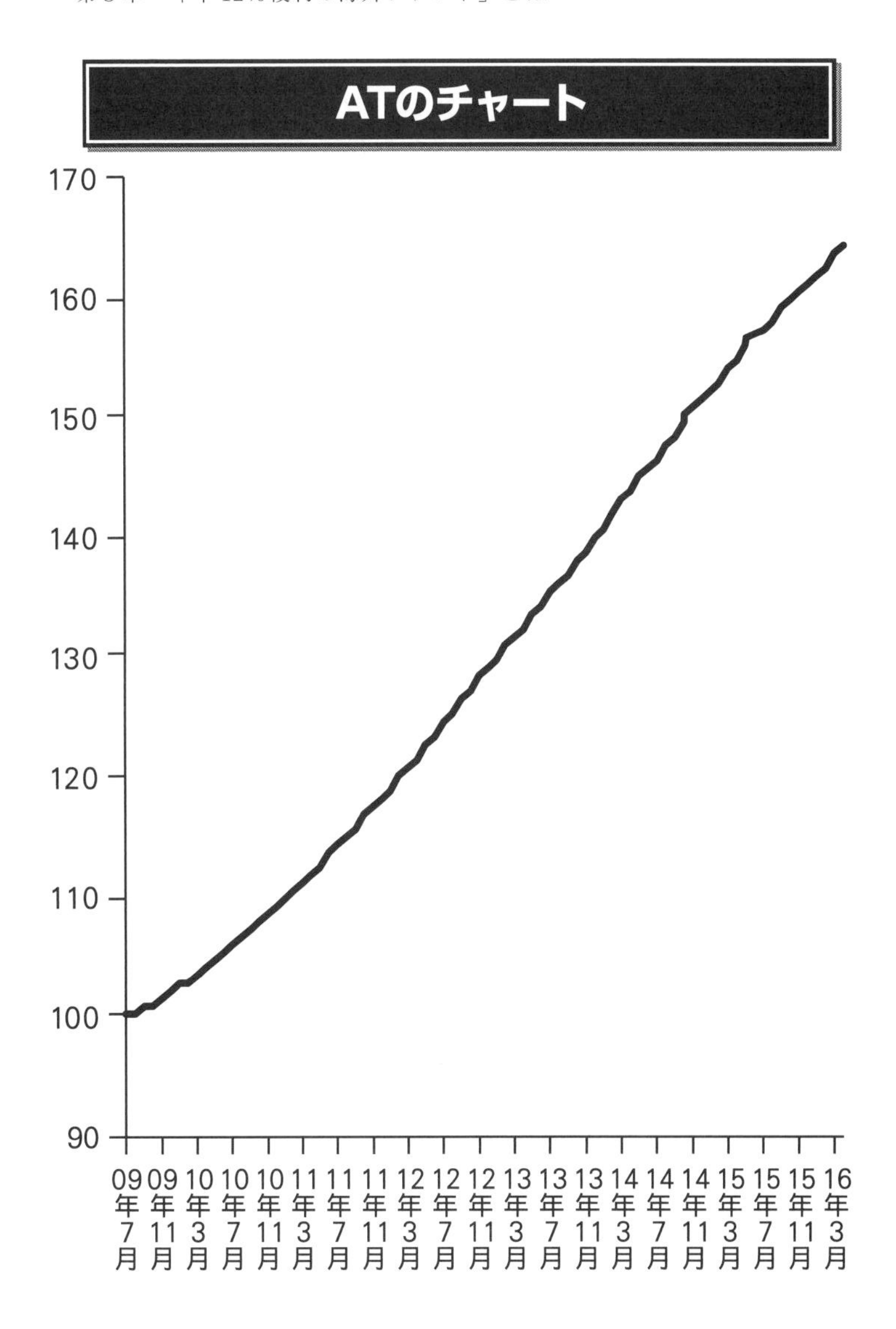
170
160
150
140
130
120
110
100
90
09年7月
09年11月
10年3月
10年7月
10年11月
11年3月
11年7月
11年11月
12年3月
12年7月
12年11月
13年3月
13年7月
13年11月
14年3月
14年7月
14年11月
15年3月
15年7月
15年11月
16年3月

ることができなかった。それを「ＡＴ」の仕組みが代行したのだが、そこで絡んでくるのが今話題の金融の最先端でもある「フィンテック」である。

すでに説明済みであるが、「フィンテック」は「フィナンシャル（金融）」＋「テクノロジー（技術）」の造語である。主にＩＴ技術を駆使し行なわれる金融のことだ。「フィンテック」は一時の流行で、しばらくするとその言葉自体は消えてしまうかもしれないが、実態は残る。それどころか、技術の発達により今以上に進化することが容易に想像できる。

「ＡＴ」が行なうアフリカでのマイクロファイナンスは、銀行が膨大なコストをかけて行なっていた与信調査などを、コンピュータ技術によって瞬時に行なう。借り手はスマホなどを使って金融にアクセスする。ＩＴ技術の革新の時に「中抜き」という言葉が流行った。その時は卸売りの中抜きであったが、今回は銀行の中抜きである。それでいて、銀行同様にしっかり回収できる。「ＡＴ」が行なう融資の回収率はなんと九割を超える。だから、これまで一度もマイナスを出さずに、着実に収益を積み重ねてきたのである。

ただし、ここにきて問題が発生している。マイクロファイナンスにある収益機会に誰もが気が付き始めたのである。大手の銀行もマイクロファイナンスに莫大な資金を投じることによって収益機会が減少し、「ＡＴ」も収益が出しづらくなってきたのだ。そこで、「ＡＴ」は新しい収益機会を得るために、従来投資対象をアフリカ一〇〇％にしていたのを、他の先進国にも向け始めたのである。

これからも環境が変わると収益に変化が出てくる可能性はある。ただ、しばらくは魅力的な収益を安定的に出せるであろう。

三つのファンドの分散効果

それぞれ三つのファンドを取り上げたが、いずれもまったく特徴が異なることがわかる。「ＮＰ」は方向性を狙うファンドでメインは長期取引である。「ＫＡ」は価格差狙いで、最大三日の短期取引である。「ＡＴ」はそもそもヘッジファンドでなく、市場の取引ではない実業で収益を狙う。これだけ特徴が異なると、それぞれの相関性はほとんどない。すると、分散効果が期待できる。

再度三つのファンドの年率リターンと年率リスクを確認しておくと、「ＮＰ」は年率リターン一五・六％、年率リスク一一・八％である。「ＫＡ」は年率リターン一〇・七％、年率リスク四・二％、「ＡＴ」は年率リターン七・七％、年率リスク〇・四％である。この三つを三分の一ずつ分散してみる。すると一番データが短い「ＫＡ」の期間、二〇一一年九月～二〇一六年四月までで数字を確認すると、年率リターンは一三・〇％で年率リスクは五・〇％になる。これで本書のテーマである、年率一二％複利を債券に近い安定感重視の運用で期待できるようになるのである。

他のファンドや金融商品に分散することで年率リターンを上げたり、もっと年率リスクを抑えたりすることは可能である。ただし、改めて年率リターン一三％、年率リスク五・〇％という数字を確認しても、非常に魅力的な数字であるから、普通の方はこれで十分であろう。下手に日本株や投信などの余計な運用を入れない方が良いのである。

3つのファンド分散

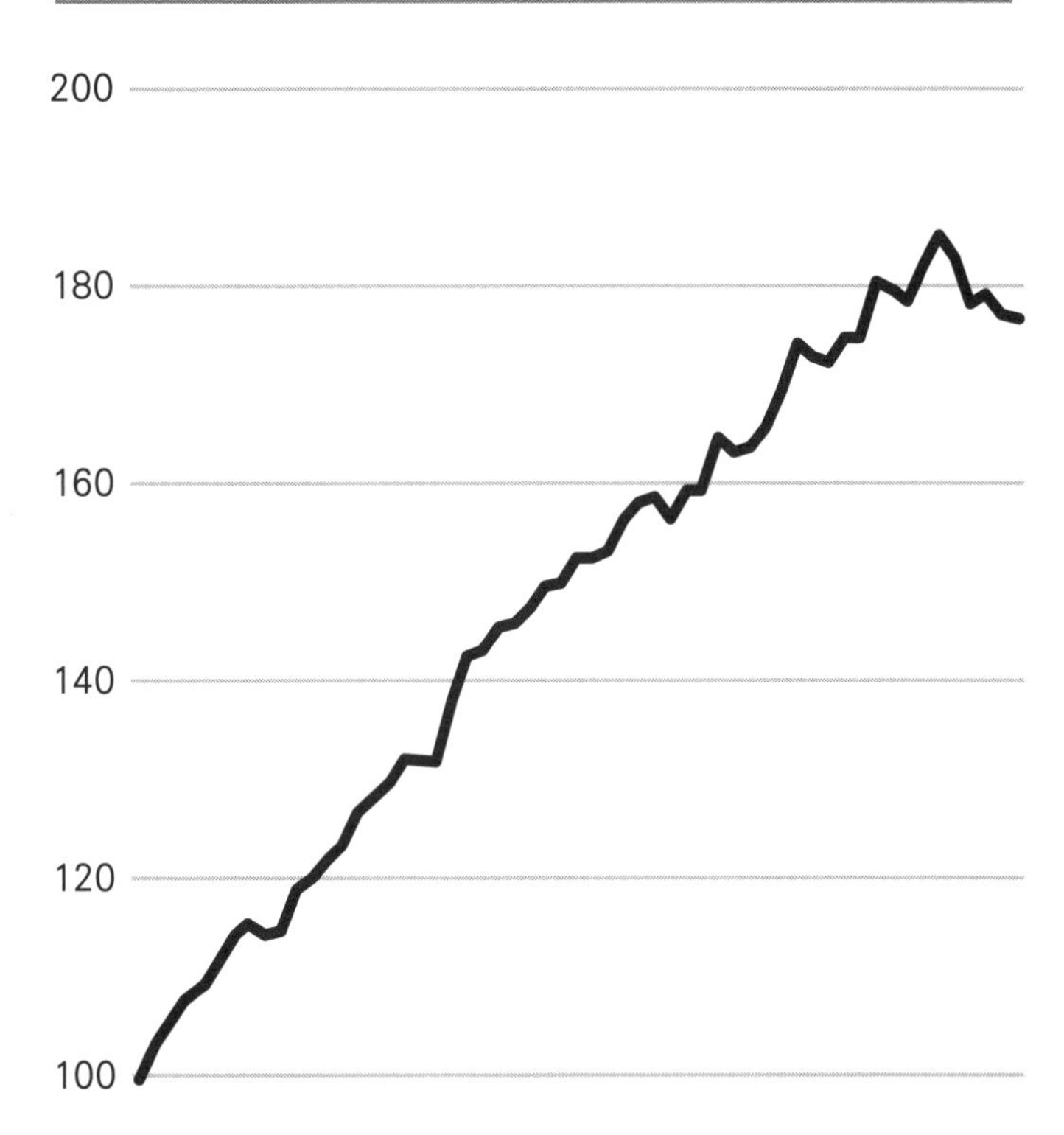
200
180
160
140
120
100
80
スタート
11年11月
12年2月
12年5月
12年8月
12年11月
13年2月
13年5月
13年8月
13年11月
14年2月
14年5月
14年8月
14年11月
15年2月
15年5月
15年8月
15年11月
11年2月

上級者向けの組み入れファンド

投資を行なったファンドがきちんと予定通りの動きをすれば良いが、たまに予想と異なる動きを見せたりする。想定通りの収益が得られなかったり、リスクが思ったよりも高くなったりするのだ。

そのような時にはファンドの乗換えが必要である。また、年率リターン一二％よりももっと収益を狙う場合も、異なるファンドを組み入れる必要があるだろう。では、その対象になるファンドがあるのか。実は、存在する。先ほどの三つのファンドは基本の組み方で、言うなればヘッジファンドの初心者から中級者向けの分散である。そして、今度は上級者向けのファンドとして、さらに「DN」「BB」「EE」という三つのファンドを簡単に挙げておこう。

「DN」は価格差を狙う、株式マーケット・ニュートラル戦略のファンドを二つ組み合わせた「ファンド・オブ・ファンズ」である。ファンド・オブ・ファンズとは、株式や債券などの個別銘柄へ投資するのではなく、複数のファンドへ投資するファンド、または複数のファンドを混ぜ合わせたファンドをいう。面白いのはいずれも投資対象がオセアニア（オーストラリアとニュージーランド）中心になっていることだ。すでに欧米株式は研究し尽くされているため、別の地域で行なう点に魅力がある。今のところ二つのファンドの分散で、それ以上のファンドの組み入れは考えていないという。二〇一三年七月～二〇一六年四月の数字があり、年率リターンは八・六％、年率リスク七・二％と安定感重視になっている。

「BB」は一番注目のファンドである。ファンド化されるのは今回始めてである。まだ実績不足な点はあるものの、それでも二〇一一年一月～二〇一六年四月で年率一七・〇％、年率リスク六・六％と、なんと安定感重視と収益重視の二つを兼ね備えた数字になっている。運用方法は先物とオプションの組み合わせで、それをアジアの株式市場という限られた市場で行なう。イメージとして先物で方向性を狙い、オプションで価格差を狙うような構造になっていることと、手垢がついていないアジア市場に限っての運用によって、これだけ魅力的な数字を実現している。

「EE」は「DN」と同じ価格差狙いの株式マーケット・ニュートラル戦略である。ただ、収益重視にしているため年率リスクは高めになっている。「EE」は二〇〇六年六月~二〇一一六年四月と九年一一ヵ月ものかなり長いデータがあり、その間年率リターンは一八・八%、年率リスク一五・三%となっている。世界中を投資対象としているが、メインは北米と欧州だ。

なお、「DN」は「ロイヤル資産クラブ」で、「BB」は「プラチナクラブ」(いずれも私が主催する投資助言クラブ。二八三ページ参照)で情報提供しており、「EE」は調査中である。

究極のファンド探しへ

これまで分散効果についてかなり詳しく解説してきた。今一度確認しておくと、分散によって得られる効果はリターンを保った状態でリスクを落とすことだ。理論上は、リスクの数字をゼロに近づけることができる。

この分散効果を活かして、究極のファンドを作ろうとしているファンド会社がある。先ほど「ＮＰ」「ＫＡ」「ＡＴ」の三つのファンドの分散によるリスク低減の効果を確認したが、それをファンド化しようと日夜研究している運用会社があるのだ。ファンドを複数混ぜ合わせたファンド、ファンド・オブ・ファンズの研究開発である。そして、そのファンド・オブ・ファンズの面白いところは、株式相場などを分析するようにファンドの割安、割高を分析して、ファンドの取引による収益アップも考えているとのことだ。

本当にそのようなファンド・オブ・ファンズが誕生するかは未知数であるが、できた時にはこれ一本だけに投資をしておけば良いという究極のファンドになる可能性もある。今後も調査を進めていくので、皆さんもぜひ注目しておいて欲しい。

第六章　究極の財産保全ノウハウ

運用は海外ファンドにお任せ

第五章では、海外ファンドを使って安定的に年率一二％複利を狙うことができることを説明した。年率一二％複利の運用を続けると、五年で一・七六倍になる。一〇年では三・一一倍である。これだけの収益を安定的に狙うことができるのだ。

しかも、海外ファンドは外貨建て資産で、ほとんどは米ドル建てである。日本は財政赤字を垂れ流し、日本国債を日銀が引き受けてなんとか保っているのが現状で、そのタガが外れた時のことを考えると、将来大幅な円安は避けられないと見た方が良い。この国の財政がどれほどひどい状況かについては拙者『すさまじい時代〈上〉〈下〉』（第二海援隊刊）で詳しく解説しているのでお読み頂きたいが、五年後、一〇年後に今よりも二倍の円安になっていたとしても何ら不思議はない。これらのことを総合的に考えると、運用はすべて海外ファンドに任せてしまっても良いだろう。

新財産三分法

運用は海外ファンドに任せるとして、それ以外をどうするか。ここで皆さんの危機管理能力が問われる。余剰資金の一つの分散先に海外ファンドを入れるとして、その他の部分を円預金などにしようとしている人がいたら、その人の気がしれない。マイナス金利の状態の円では預金金利はほとんど期待できず、しかも将来大幅な円安が起きそうな時に、まったくナンセンスな考え方だ。

では、どのように分散するのが資産を保全できる方法なのか。ここに名付けて〝浅井流新財産三分法〟を提唱しよう

三分法だから余剰資金を三つに分散する。その対象は、一つは海外ファンドである。そしてずばり、二つ目は金(きん)、三つ目はＮＺドル預金である。これを海外ファンド四〇％、金二〇％、ＮＺドル四〇％の比率で分散するのである。

もちろん生活費などは円で残しておく必要があるから、あくまで余剰資金での分散である（なお第二章で述べたが、これ以外に年金制度破綻対策としての収益不動産投資は検討してもよい）。

海外ファンドはすでに解説済みだから、これから残りの二つの投資先を解説していこう。金（きん）とNZドルである。

将来、輝きを増す「金」

これまで私の資産運用本を一冊でも読んだ方なら、頭にクエスチョンマークがついたことだろう。「浅井さんは以前から金に対しては、資産の五～一〇％ほどの分散と主張が一貫していた。今回、比率が異なるのではないか」と。まったくその通りである。資産運用を積極的に行なうのであれば、利息を生まない金は少なくても良い。ただ、保全を考えるのであれば金の比率をもっと上げても良いと最近考え出している。その具体的な数字が二〇％である。

浅井流、新財産三分法

海外ファンド
40%

金
20%

NZドル
40%

金(きん)への投資比率を上げた理由は、将来は世界的なインフレによる商品価格高騰によって価格が上昇すると踏んだためだ。金価格は、二〇一六年〜二〇一八年の間のどこかで大底を付けるだろう。そして二〇二〇年から上昇し始め、今から一〇年後には二倍の価値を持つと考えている。しかも、金は米ドル建ての資産だから、円安になればさらに上昇していることが期待できる。また、もう一つの理由として、今世界中が運用困難な時代であるということだ。このような時代には、積極的に収益を追い求めるよりも、保全することを第一の目標に掲げるのが良い。その意味で金の比率を増やす作戦をとったのである。

古今、金が注目される要因の一つには、稀少性が挙げられる。有史以来、人類が採掘してきた金の総量は、オリンピックプール約三・五杯分の一六万六千トンと言われている。そして、今後可能な採掘量は五・一万トンと言われているから、すでに四分の三が採掘された計算となるわけで、それでも世界中の採掘済みの金をすべて集めても、たったのオリンピックプール三・五杯分程度なのである。

昔から金は重要視されてきた。古くはピラミッドの黄金のマスクにも使われている。実に、数千年の時を経ている。それにもかかわらず、いまだにピカピカと輝いているマスク、これには金の不変性という特徴が挙げられる。まず、金はほとんど酸化しない。空気中でも水中でも腐食せず、錆びることがない。そして、金はそう簡単に化学反応を起こさない物体でもある。鉄を溶かす塩酸でも金は溶けない。化学の授業で習ったように濃塩酸と濃硝酸を混ぜた王水だと溶かすことができるが、わざわざそれを作る必要がある。他にも一部の有機溶媒に溶けることがわかっているが、実験室ではない自然界に金が存在する限り化学反応を起こすことを気にする必要はない。また、金属だから熱にも強い。一般的な火災によって金は、溶けることはあっても冷めるとまた固まりに戻る。金は不変性が高いのである。稀少性があり、不変性が高いということから、長い歴史の中で重視されてきているのである。

紙幣にとって代わられた「金」

「金本位制」という言葉を聞いたことがあるだろうか。ここで首をかしげるかどうかで年齢がわかってしまうかもしれない。実は、まだ五〇年も経たない一九七〇年代初めまで、世界は「金本位制」のシステムで成り立っていたのである。

紙幣の価値を担保するため、当時は紙幣を金に交換することができたのである。しかし、一九七一年八月のニクソン・ショック以降、米ドルと金の交換が停止され、その後金本位制は廃止された。金の裏付けがなくても、紙幣は通貨として流通したのである。それだけペーパーマネーの信用が高まったということと同時に、それは発行元の各国中央銀行の信用が高まったことを意味する。

その中央銀行の信頼が、揺らぎ始めている。転機が訪れたのは二〇〇八年。世界恐慌の一歩手前まで踏み込んだ金融危機は、各国中央銀行に異次元の量的緩和を求めた。その結果、市場にお金がじゃぶじゃぶと溢れ出し、金利もほとんどなくなった。今、中央銀行の信用が揺らいでいるのである。このような状況の中で、時々「金本位制復活」という声が上がったりするが、それは現実的ではない。今や通貨は紙幣の他、電子マネーという形で世界に大量に供給されている。その通貨に金の裏付けをつけることはほぼ不可能である。

資産としての「金」

金は紙幣にとって代わられたとはいえ、それはあくまで決済手段としてである。金は昔からお金持ちに愛されてきた。金の輝きと共にその稀少性、その不変性により、金は資産分散の一つの手段として今も確固たる地位を築いている。金本位制は復活しなくても、金はいまだに第二の通貨と呼ぶべき存在であり、有事になると金が輝き出したりする。

日本の税体系を見ても、株や不動産と同様に金もそれだけ項目が別に作られている。資産分散の一つの方法であるということを税体系も示しているのである。だが一つ注意すべき点がある。金（きん）は立派な資産としてみなされているため、国家の一大事となると財産没収の対象になったりするのである。

実は一九三〇年代の大恐慌を経験したアメリカは、金の没収を行なっている。当時は金本位制であったこともあるが、一九三三年大統領選を勝利したルーズベルトは、約一ヵ月後の四月五日に大統領命令六一〇二号を発令した。それは、アメリカ国民が保有する金を政府に対して、政府が定めた一トロイオンス＝二〇・六七米ドルというレートで、強制的に拠出することを命じたのだ。アメリカ政府による金の没収である。

それほど昔でなく、つい最近、金の没収を行なった国もある。エジプトだ。二〇一一年、欧州の財政危機が飛び火し、エジプトでは〝アラブの春〟と呼ばれる大規模な反政府デモが起きた。そして、ついには政権を倒し、当時のムバーラク大統領を辞任に追いやった。その際、新たな政権が収入源確保のために行なった一つの方法が、金の没収である。金を現金化するためには、どうしても専門の業者へ売却する必要がある。その専門業者を押さえてしまったのである。金を売りにきたらそのまま没収したという。

このように一九三〇年代のアメリカも二〇一〇年代のエジプトも国が混乱しているさなかに金の没収を行なった。同じように、国家破産を経験した国では似たような金の没収の話が聞かれる。金は確かに資産の分散先として魅力的な手段であるが、一方で混乱している時に換金することはできない。有事の金という言葉があるが、それはあくまで対岸の火事での話であり、自国が混乱しているさなかに売却しようとすると下手をすると没収という憂き目に遭うかもしれないのである。これは金を保有するうえで、一番重要な知識といえるだろう。

先進国で唯一、魅力的な預金金利が得られる通貨

次にNZドルについて見ていこう。NZドルの魅力は、なんといっても金利が高いことである。日本円は論外だが、他の先進国の通貨である米ドルやユー

ロ、ポンドやカナダドルなどで外貨預金をしてもほとんど金利は付かない。それがオセアニアの通貨である豪ドルやNZドルで預金をすると金利が付くのである。金利が高いことで有名なある邦銀で一年定期をした場合、日本円では〇・〇一%だが、豪ドルでは一・五%、NZドルでは一・九%もの金利が付くのである。オーストラリアもニュージーランドも同じ先進国でありながら、金利がまだ存在するのだ。それを利用しない手はない。

しかも、もっと賢い方法がある。NZドル預金を日本で行なうのではなく、現地ニュージーランドで行なうのである。ニュージーランドの地元の銀行であるASBで一万NZドル（約八〇万円）を一年預けると、なんと三・二%も金利が付くのである。外貨預金を行なう際、その通貨が使われている現地で預金をすると、日本で預金するよりも金利が高くなるのは資産分散をする上で知っておくべき知識だ。そして、特にニュージーランドはその差が大きい国で、これまでも常に一%以上の差が存在していた。一%の差は、小さな数字ではあるが大きな差である。数十万円預金するぐらいであれば気にする必要はないが、

ASBの定期預金の金利表

（%は年率・2016年6月14日時点）

	5,000～10,000NZドル	10,000NZドル以上
30日	0.75%	1.00%
60日	1.00%	1.00%
90日	1.75%	2.60%
4ヵ月	2.00%	3.00%
5ヵ月	2.00%	3.00%
6ヵ月	2.00%	3.20%
9ヵ月	2.00%	3.10%
12ヵ月	2.00%	3.20%
18ヵ月	2.00%	3.20%
2年	2.00%	3.25%
3年	2.00%	3.35%
4年	2.00%	3.45%
5年	2.00%	3.55%

桁が変わると話は違う。

仮に一〇〇〇万円をＮＺドル預金にした場合、日本で預金すると一九万円の利息が付く。それに対してニュージーランドで預金すると三二万円の利息で、その差は一年で一三万円も出てくる。仮に利息がそのままの場合、一〇年でその差は一六三万円にもなる（複利の効果で一・九％の場合、一〇年後に一〇〇〇万円は一二〇七万円になる。それに対して、三・二％の場合、一〇年後に一〇〇〇万円は一三七〇万円になる）。もちろん預け入れる金額が多くなれば、もっと差は増える。

ある程度まとまった金額を長期で寝かせるのであれば、わざわざコストをかけてニュージーランドを訪れ口座開設してきても、十分元が取れるのである。

ニュージーランドは銀行も政府も健全

金利が高いと「銀行の信用が低いのではないか」と思われる方がいるかもし

世界の主要銀行の格付け（2016年6月）

	S&P（スタンダード&プアーズ）	ムーディーズ
ドイツ銀行（ドイツ）	BBB+	BBB+
HSBC（イギリス）	AA-	AA
BNPパリバ（フランス）	A+	A+
バークレイズ（イギリス）	A-	A
JPモルガン・チェース（アメリカ）	A+	AA+
RBS（イギリス）	BBB+	A-
バンク・オブ・アメリカ（アメリカ）	A	A+
シティグループ（アメリカ）	A	A+
ING（オランダ）	A	A+
ソシエテジェネラル（フランス）	A	A
ロイズTSB（イギリス）	A	A+
UBS（スイス）	A	A+
クレディスイス（スイス）	A	A
ラボバンク（オランダ）	A+	AA
ASB（ニュージーランド）	AA-	AA-
みずほ銀行（日本）	A	A+

※格付けの表記は、S＆P（スタンダード＆プアーズ）に合わせています

れないが、そんな心配は無用である。先ほど紹介したＡＳＢの財務はまったく問題がなく、格付けはＳ＆ＰでＡＡマイナス、ムーディーズでＡａ3とそれぞれダブルＡクラスと高格付けなのである。

邦銀の三大メガバンク（三菱東京ＵＦＪ銀行、三井住友銀行、みずほ銀行）のＳ＆Ｐやムーディーズでの格付けはいずれもシングルＡクラスで、邦銀にはダブルＡクラスの高格付けの銀行は存在しない。それどころか、世界でもダブルＡクラスはなくなりつつある。欧州債務危機やギリシャ危機により、ヨーロッパの銀行格付けは軒並み低下しているのだ。

あの名門ドイツ銀行の格付けですらＢＢＢ＋とＡクラス以下なのである。他の欧米銀行の格付けはほとんどシングルＡで、ダブルＡの銀行と言えばＨＳＢＣ（香港上海銀行）ぐらいである。それに対してＡＳＢに限らず、ニュージーランドの銀行は健全で、大手はいずれもダブルＡクラスの高格付けである。

健全なのは銀行だけではない。ニュージーランドは国家財政も健全である。最近は、中国経済減速の影響を受けて為替が下落し、オセアニア圏の経済も減速しているが、それでも大した問題ではない。

国も銀行も健全で、金利も高いとどうなるか。実は、ニュージーランドでは投資活動が活発ではない。皆が預金一辺倒なのである。国も銀行も健全だから、まさかＮＺドルが紙キレになる心配はないし、預金がなくなることもない。それでいて魅力的な金利をくれるのである。下手にリスクを抱えて運用しなくても良いのだ。特に少し前までは金利が五〜六％付いていたし、二〇〇八年より前は八％も付いていた時期もあった。運用する必要がなかったのである。

現在は金利が低下し、ニュージーランドにとって史上空前の低金利に見舞われているわけだが、それでもまだ年三・二％付くのである。積極的に運用しようという気も起きないだろう。

私たち日本人が、余剰資産の四〇％をＮＺドル預金にすることは思い切った分散方法に見えるが、ニュージーランド人にとってはまったく違和感のない選択である。自分たちはほぼＮＺドル預金にして、積極的な運用をせずに魅力的な預金金利を得ているのだから。逆にニュージーランド人から見ると、日本人が日本円で預けていることの理解に苦しむかもしれない。

格付けは銀行の格付けも国の格付けもニュージーランドよりも低くて、国家財政も決して健全とは言えない。それでいて、金利はほとんど〇％なのである。ここは発想を変えてニュージーランド人の真似をした方が得策であろう。

世界が注目するニュージーランド

ニュージーランドに馴染みがない方もいらっしゃるだろうから、ここでニュージーランドの魅力を簡単に解説しておこう。

ニュージーランドを一言で表すと、なんともピュアな国である。自然が多く、原発がない。地球上で環境汚染という言葉から一番遠い国である。治安も良く、人間性が抜群に良い。人種差別も存在しない。国土は日本の七割ほどだが、人口は約四六〇万人というわけで、人口密度が少なく、生活環境、住環境が素晴らしい。政治もクリーンである。毎年政治の清廉性についての世界ランキングが発表されるが、二〇〇六年~二〇一三年までニュージーランドは八年連続して首位をキープしており、二〇一四年、二〇一五年も二位、四位と順位は落としたが上位にランクインしている。

ニュージーランドの魅力はまだある。食糧自給率が高く、相続税や贈与税がない。そして、何よりテロや戦争とまったく関係がない。

特に最近、テロがない国としてニュージーランドに観光客が殺到している。二〇一五年一一月一三日、フランス・パリで同時多発テロが起きたが、これによってフランス・パリでは観光客が激減した。代わりに観光客が増えたのが、ニュージーランドである。今ではホテルや飛行機のチケットも、ずいぶん前から予約が殺到しているのである。

ニュージーランドは歴史的な背景からテロや戦争とまったく関係がない。第二次世界大戦では連合国の一員として参戦しているが、直接交戦することもなく終戦を迎えている。その後、どの国にも派兵することはなく、世界中のどの国、どの民族にも恨みを買っていないのである。そして、原発など核にかかわるものが一切ないわけで、地球上で一番安全な国といっても過言ではない。そのニュージーランドの安全性に世界中が気付き始めているのである。

「金」とNZドルは、複数回で買い揃える

余剰資金の分散で金とNZドルを購入する際、気を付けて欲しいことがある。それは一度で購入せず何度かに分けて購入することである。金は将来値上がりを期待して、NZドルは預金金利を期待するわけだが、どちらも円から見ると上下があり、その時によって高い安いが存在する。相場にある程度の上下があるものへ投資を行なう時の基本は、複数回に分けて購入することである。

分ける回数は細かければ細かいほど平均化され、高値掴みを避けることができる。このような投資方法を〝ドルコスト平均法〟と呼ぶ。ただ、あまりに分け過ぎると手間や時間ばかりかかってしまうので、自分ができる範囲で構わない。それでも最低で三回以上に分けることをお勧めする。一回目は今すぐに購

入し、二回目は半年などあらかじめ決めた期間を経過した時に購入する。三回目は価格が大きく下がった時にとっておくと良いだろう。金もまだしばらくかけて大底に向かっていく可能性も残っているし、ＮＺドルも今からまだ円高にならないとは限らない。

新財産三分法の将来的シミュレーション

余剰資金で、海外ファンド四〇％、金二〇％、ＮＺドル四〇％で分けた時、将来どのようになっているだろうか。最後に一〇年後のシミュレーションをしておこう。なお、これまでの文中もそうだが、今回のシミュレーションでも税金や購入また売却にかかる手数料は一切考慮していないので、ご了承いただきたい。

まず、海外ファンドは年率一二％複利の運用を続けると、一〇年では三・一倍である。金は一〇年後に二倍になることを期待する。ＮＺドルは、金利がこのまま変わらなかったとすると、年三・二%の複利になるので、一〇年では一・三七倍である。これをそれぞれの比率で分散しているので、全体としては、海外ファンド三・一一×〇・四+金(きん)二×〇・二+NZドル一・三七×〇・四で、一〇年後に二・一九倍になる計算である。これが保全を念頭に置いて運用した際に期待する収益である。積極的に運用すればもっと何倍にもすることが期待できるが、今回はいかに保全するかを念頭に置きながらの運用である。それで二倍超が期待できるのだから十分であろう。

しかも、将来の円安を考えるとさらに資産は殖えることになる。今の日本の財政を考えると、一〇年後に少なくとも二倍の円安になっているだろう。それぞれ種類が異なる資産だから倍率には差があるだろうが、ここでは一律二倍の円安と考える。すると、先ほどの数字をそれぞれ二倍して海外ファンドは一〇年では六・二二倍である。金は一〇年後に四倍となり、NZドルは二・七四倍である。これをそれぞれの比率で分散しているので、全体としては、海外ファンド六・二二×〇・四+金四×〇・二+NZドル二・七四×〇・四で、一〇年

究極の財産保全のための分散シミュレーション

	運用の期待効果	10年後	10年後、２倍の円安の場合
海外ファンド（40%）	年率12%	**3.11**倍	**6.22**倍
金（20%）	10年で2倍	**2**倍	**4**倍
NZドル（40%）	金利3.2%	**1.37**倍	**2.74**倍
合計		**2.19**倍	**4.38**倍

後に四・三八倍になる計算である。

このマイナス金利下において、一〇年後に二倍超、円安を考慮して四倍超の運用ができれば大成功と言える。しかも、それほどリスクをとった運用ではない。どれも保全を前提にした分散運用である。ぜひ、皆さんもこの組み方を参考に、このマイナス金利下において資産を上手く保全しながら、着実に殖やして欲しい。

エピローグ

真の勝利者への道

二一世紀に入って実に驚くべきコトが次から次へと押し寄せてきている。二〇〇一年のＮＹ同時多発テロ、二〇〇四年のインド洋大津波、二〇〇八年のリーマン・ショック、二〇一一年の東日本大震災、そして最近ではＩＳの台頭とシリア難民の大発生。さらには、史上初とも言われるマイナス金利の登場である。世界はますます混迷と混沌の度合いを深めている。

こうした中で、私たちの老後資金はどうなってしまうのか。不安が不安を呼ぶ。しかし、どのような時代においても知恵を持った人々は生き延びてきた。「絶望とは愚か者の結論」であり、賢者はどのように厳しい時代でもトレンドを逆手にとってやってきた。

資産が二倍になるのに約七〇〇〇年かかる時代において、本書に示した資産保全ノウハウであれば、安定的に一〇年で二倍にすることができる。

ぜひ、読者の皆さんも勉強していただきたい。知恵と正しい情報と少しの決断力があれば、あなたの一〇年後は光輝くものとなるはずだ。他人と同じことをやっていては生き残ることはできない。ユニークで他にはないやり方を使ってこそ「真の勝利者への道」が開けるのだ。そのためにも本書を熟読されて、正しい運用ノウハウを身に付けていただきたい。

なお、弊社非会員・読者の方でもご参加いただける「浅井隆講演会」（二九〇ページ）、経済トレンドレポート購読者の方がご参加いただける全三回「大恐慌生き残り講座」（二八〇ページ）をはじめ様々なイベントを開催予定なのでお問い合わせの上、是非参加していただきたい。皆さんの幸運を祈る!!

二〇一六年七月吉日

浅井　隆

浅井隆からの重要なお知らせ

——国家破産を生き残るための具体的ノウハウ

来たる大恐慌への対策に特化した「大恐慌生き残り講座」

最近書籍その他で私が述べているように、国家破産の前に世界恐慌が二〇一七～八年にやってきそうです。中国をはじめそのくらい現在の世界経済状況が悪いのです。ジョージ・ソロスもリーマン・ショックを超える大変な危機が来ると言っています。国家破産の前に恐慌に備えなければなりません。大恐慌への対策に特化した特別な講座を三回に分けて開催します。

「大恐慌生き残り講座」（全三回、受講料実費）は、第一回・二〇一六年八月二日（火）、第二回・十月一二日（水）、第三回・十二月二二日（木）を予定し

ております。この講座では今までの発刊書籍や恐慌対策ノウハウを集約し、最新情報を随時更新してご提供いたします。

「大恐慌生き残り講座」は第二海援隊グループの経済トレンドレポート購読会員限定の講座です。ぜひ、「経済トレンドレポート」の購読ができるいずれかのクラブにご入会の上、ご参加ください。

厳しい時代を賢く生き残るために必要な情報収集手段

国家破産へのタイムリミットが刻一刻と迫りつつある中、ご自身のまたご家族の老後を守るためには二つの情報収集が欠かせません。一つは「国内外の経済情勢」に関する情報収集、もう一つは「海外ファンド」に関する情報収集です。これについては新聞やテレビなどのメディアやインターネットでの情報収集だけでは絶対に不十分です。私はかつて新聞社に勤務し、以前はテレビに出演をしたこともありますが、その経験からいえることは「新聞は参考情報。テレビはあくまでショー（エンターテインメント）」だということです。インターネットも含め誰もが簡単に入手できる情報で、これからの激動の時代を生き残っていくことはできません。

皆様にとってもっとも大切なこの二つの情報収集には、第二海援隊グループ（代表　浅井隆）で提供する「会員制の特殊な情報と具体的なノウハウ」をぜひご活用ください。

〝国家破産対策〟の入口「経済トレンドレポート」

最初にお勧めしたいのが、浅井隆が取材した特殊な情報をいち早くお届けする「経済トレンドレポート」です。浅井および浅井の人脈による特別経済レポートを年三三回（一〇日に一回）格安料金でお届けします。経済に関する情報提供を目的とした読みやすいレポートです。新聞やインターネットではなかなか入手できない経済のトレンドに関する様々な情報をあなたのお手元へ。さらに国家破産に関する『特別緊急情報』も流しております。「国家破産対策をしなければならないことは理解したが、何から手を付ければ良いかわからない」

という方は、まずこのレポートをご購読下さい。
詳しいお問い合わせ先は、㈱第二海援隊
TEL：〇三（三二九一）六一〇六
FAX：〇三（三二九一）六九〇〇

具体的に〝国家破産対策〟をお考えの方に

そして何よりもここでお勧めしたいのが、第二海援隊グループ傘下で独立系の投資助言・代理業を行なっている「株式会社日本インベストメント・リサーチ」（関東財務局長（金商）第九二六号）です。この会社で二つの魅力的な会員制クラブを運営しております。私どもは、かねてから日本の国家破産対策のもっとも有効な対策として海外のヘッジファンドに目を向けてきました。そして、この二〇年に亘り世界中を飛び回りすでにファンドなどの調査に莫大なコストをかけて、しっかり精査を重ね魅力的な投資・運用情報だけを会員の皆様限定でお伝えしています。これは、一個人が同じことをしようと思っても無理な話です。また、そこまで行なっている投資助言会社も他にはないでしょう。

投資助言会社も、当然玉石混淆であり、特に近年は少なからぬ悪質な会社に対して、当局の検査の結果、業務停止などの厳しい処分が下されています。しかし「日本インベストメント・リサーチ」は、すでに二度当局による定期検査を受けていますが、行政処分どころか大きな問題点はまったく指摘されませんでした。これも誠実な努力に加え、厳しい法令順守姿勢を貫いていることの結果であると自負しております。

私どもがそこまで行なうのには理由があります。私は日本の「国家破産」を憂い、会員の皆様にその生き残り策を伝授したいと願っているからです。その生き残り策がきちんとしたものでなければ、会員様が路頭に迷うことになります。ですから、投資案件などを調査する時に一切妥協はしません。その結果、私どもの「ロイヤル資産クラブ」には多数の会員様が入会して下さり、「自分年金クラブ」と合わせると数千名の顧客数を誇り、今では会員数がアジア最大と言われています。

このような会員制組織ですから、それなりに対価をいただきます。ただそれで、私どもが十数年間、莫大なコストと時間をかけて培ってきたノウハウを得られるのですから、その費用は決して高くないという自負を持っております。まだクラブにご入会いただいていない皆様には、ぜひご入会いただき、本当に価値のある情報を入手して国家破産時代を生き残っていただきたいと思います。そして、この不透明な現在の市場環境の中でも皆様の資産をきちんと殖やしていただきたいと考えております。

一〇〇〇万円以上を海外投資へ振り向ける資産家の方向け「ロイヤル資産クラブ」

「ロイヤル資産クラブ」のメインのサービスは、数々の世界トップレベルのファンドの情報提供です。特に海外では、日本の常識では考えられないほど魅力的な投資案件があります。

ジョージ・ソロスやカイル・バスといった著名な投資家が行なう運用戦略と

しておなじみの「グローバル・マクロ」戦略のファンドも情報提供しています。

この戦略のファンドの中には、株式よりも安定した動きをしながら、目標年率リターンが一〇―一五%程度のものもあります。また、二〇〇九年八月～二〇一六年四月の六年八ヵ月の間で一度もマイナスになったことがなく、ほぼ一直線で年率リターン七・七%（米ドル建て）と安定的に推移しているファンドや目標年率リターン二五%というハイリターン狙いのファンドもあります。もちろん他にもファンドの情報提供を行なっておりますが、情報提供を行なうファンドはすべて現地に調査チームを送って徹底的に調査を行なっております。

また、ファンドの情報提供以外のサービスとしては、現在保有中の投資信託の評価と分析、銀行や金融機関とのお付き合いの仕方のアドバイス、為替手数料やサービスが充実している金融機関についてのご相談、生命保険の見直し・分析、不動産のご相談など、多岐に亘っております。金融についてありとあらゆる相談が「ロイヤル資産クラブ」ですべて受けられる体制になっています。

詳しいお問い合わせ先は「ロイヤル資産クラブ」
TEL：〇三（三二九一）七二九一
FAX：〇三（三二九一）七二九二

一般の方向け「自分年金クラブ」

一方で、「自分年金クラブ」では「一〇〇〇万円といったまとまった資金はないけど、将来に備えてしっかり国家破産対策をしたい」という方向けに、比較的「海外ファンド」の中では小口（最低投資金額が約三〇〇万円程度）で、かつ安定感があるものに限って情報提供しています。

「レラティブバリュー・コリレーション」という金融の最先端の運用戦略を使ったファンドも情報提供中です。この戦略のファンドの中に、年率リターン一〇・七％（二〇一一年九月〜二〇一六年四月）とかなりの収益を上げているものもあります。

一方で、一般的な債券投資と同じぐらいの安定感を示しているものもあります。債券投資並みの安定感で、年率リターンが二桁であることには驚きます。また国家破産時代の資産防衛に関する基本的なご質問にもお答えしておりますので、初心者向きです。

詳しいお問い合わせ先は「自分年金クラブ」

TEL：〇三（三二九一）六九一六

FAX：〇三（三二九一）六九九一

※「自分年金クラブ」で情報提供を行なっているすべてのファンドは、「ロイヤル資産クラブ」でも情報提供を行なっております。

投資助言を行なうクラブの最高峰「プラチナクラブ」

会員制組織のご紹介の最後に「プラチナクラブ」についても触れておきます。メインのサービスは、「ロイヤル資産クラブ」と同じで、数々の世界トップレベルのファンドの情報提供です。ただ、このクラブは第二海援隊グループが行なう投資・助言業の中で最高峰の組織で、五〇〇〇万円以上での投資をお考えの方向けのクラブです（五〇〇〇万円以上は目安で、なるべくでしたら一億円以上が望ましいです。なお、金融資産の額をヒヤリングし、投資できる金額が二〇—三〇万米ドル（二四〇〇—三六〇〇万円）までの方は、原則プラチナクラブへの入会はお断りいたします）。

ここでは、ロイヤル資産クラブでも情報提供しない特別で稀少な世界トップレベルのヘッジファンドを情報提供いたします。皆様と一緒に「大資産家」への道を追求するクラブで、具体的な目標としまして、「一〇年で資金を四—六倍（米ドル建て）」「二倍円安になれば八—一二倍」を掲げています。当初八〇名限定でスタートし、お申し込みが殺到したことでいったん枠がいっぱいになっていましたが、最近二〇名の追加募集をしております。ご検討の方はお早目のお問い合わせをお願いいたします。

詳しいお問い合わせ先は「㈱日本インベストメント・リサーチ」

ＴＥＬ：〇三（三二九一）七二九一
ＦＡＸ：〇三（三二九一）七二九二

海外移住をご検討の方に

さらに、財産の保全先、移住先またはロングステイの滞在先として浅井隆がもっとも注目する国――ニュージーランド。そのニュージーランドを浅井隆と共に訪問する、「浅井隆と行くニュージーランド視察ツアー」を二〇一六年一一月に開催いたします（その後も毎年一回の開催を予定しております）。ツアーでは、浅井隆の経済最新情報レクチャーがございます。

国家破産特別講演会、浅井隆講演会、インターネット情報

浅井隆のナマの声が聞ける講演会

著者・浅井隆の講演会を開催いたします。二〇一六年下半期は名古屋・一〇月二一日（金）、大阪・一〇月二二日（土）、東京・一一月五日（土）を予定し

ております。国家破産の全貌をお伝えすると共に、生き残るための具体的な対策を詳しく、わかりやすく解説いたします。

いずれも、活字では伝わることのない肉声による貴重な情報にご期待下さい。

第二海援隊ホームページ

また、第二海援隊では様々な情報をインターネット上でも提供しております。詳しくは「第二海援隊ホームページ」をご覧下さい。私ども第二海援隊グループは、皆様の大切な財産を経済変動や国家破産から守り殖やすためのあらゆる情報提供とお手伝いを全力で行なっていきます。

改訂版!!「国家破産秘伝」「ファンド秘伝」

必読です

浅井隆が世界を股にかけて収集した、世界トップレベルの運用ノウハウ（特に「海外ファンド」に関する情報満載）を凝縮した小冊子を作りました。国家破産について、詳しい情報を求める方向けの「国家破産秘伝」、そしてさらに詳しい運用ノウハウを求める方向けの「ファンド秘伝」の二冊をご用意しています。基礎から解説しておりますので、本気で国家破産について学びたい方、海外ファンドを使って資産を守りたいとお考えの方は必読です。ご興味のある方は、以下の二ついずれかの方法でお申し込み下さい。

①現金書留にて料金（一冊一〇〇〇円〈送料税込〉）と、お名前・ご住所・電話番号およびご希望の秘伝名（「国家破産秘伝」または「ファンド秘伝」）を明記の上、弊社までお送り下さい（両方共ご希望の方は二〇〇〇円）。

②切手（券種は、一〇〇円・五〇〇円・一〇〇〇円に限ります）と、お名前・ご住所・電話番号およびご希望の秘伝名を明記の上、弊社までお送り下さい。

郵送先　〒一〇一―〇〇六二　東京都千代田区神田駿河台二―五―一
住友不動産御茶ノ水ファーストビル八階
株式会社第二海援隊「別冊秘伝」係

TEL：〇三（三二九一）六一〇六
FAX：〇三（三二九一）六九〇〇

＊以上、すべてのお問い合わせ、お申し込み先・㈱第二海援隊

TEL：〇三（三二九一）六一〇六
FAX：〇三（三二九一）六九〇〇
Eメール　info@dainikaientai.co.jp
ホームページ　http://www.dainikaientai.co.jp

〈参考文献〉

【新聞・通信社】

『日本経済新聞』『産経新聞』『朝日新聞』『エコノミスト』
『ロイター通信』『ブルームバーグ』『ニューズウィーク』
『フィナンシャル・タイムズ』

【書籍】

『金利の歴史』(S. ホーマー、R. シラ)
『タックスヘイブンの闇』(ニコラス・シャクソン　朝日新聞出版)
『FP 教科書 FP 技能士３級　完全攻略テキスト '12 ～ '13 年度版』
(ＦＰアソシエイツ&コンサルティング株式会社著　翔泳社)

【拙著】

『驚くべきヘッジファンドの世界』(第二海援隊)
『あと２年で国債暴落、１ドル＝ 250 円に』(第二海援隊)
『あと２年』(第二海援隊)
『新ファンド革命』(第二海援隊)

【その他】

『週刊現代』『東京経大学会誌第 267 号』
『ロイヤル資産クラブレポート』

【ホームページ】

フリー百科事典『ウィキペディア』
『ジャパン・ビジネスプレス』『フォーブス　電子版』
『ウォールストリート・ジャーナル電子版』『バロンズ』
『日経ビジネスオンライン』『ダイヤモンド・オンライン』
『フォーチュン　電子版』『JK WILTON&COMPANY』
『人民網(日本語電子版)』『中央日報』『ZUU online』
『ニッセイ基礎研究所』『ＩＭＦ』『違いがわかる事典』
『コトバンク』『三菱東京 UFJ 銀行』『三菱 UFJ 信託銀行』
『WEB CARTOP』『マネックス証券』『READYFOR』
『MONEY VOICE』『WEDGE infinity』『富山大学』『ASB』
『文藝春秋 SPECIAL 2015 夏』『The Capital Tribune Japan』
『東京海上アセットマネジメント株式会社』『京都大学』

〈著者略歴〉

浅井　隆　（あさい　たかし）

経済ジャーナリスト。1954年東京都生まれ。学生時代から経済・社会問題に強い関心を持ち、早稲田大学政治経済学部在学中に環境問題研究会などを主宰。一方で学習塾の経営を手がけ学生ビジネスとして成功を収めるが、思うところあり、一転、海外放浪の旅に出る。帰国後、同校を中退し毎日新聞社に入社。写真記者として世界を股に掛ける過酷な勤務をこなす傍ら、経済の猛勉強に励みつつ独自の取材、執筆活動を展開する。現代日本の問題点、矛盾点に鋭いメスを入れる斬新な切り口は多数の月刊誌などで高い評価を受け、特に1990年東京株式市場暴落のナゾに迫る取材では一大センセーションを巻き起こす。その後、バブル崩壊後の超円高や平成不況の長期化、金融機関の破綻など数々の経済予測を的中させてベストセラーを多発し、1994年に独立。1996年、従来にないまったく新しい形態の21世紀型情報商社「第二海援隊」を設立し、以後約20年、その経営に携わる一方、精力的に執筆・講演活動を続ける。2005年7月、日本を改革・再生するための日本初の会社である「再生日本21」を立ち上げた。主な著書：『大不況サバイバル読本』『日本発、世界大恐慌！』（徳間書店）『95年の衝撃』（総合法令出版）『勝ち組の経済学』（小学館文庫）『次にくる波』（PHP研究所）『Human Destiny』（『9・11と金融危機はなぜ起きたか!?〈上〉〈下〉』英訳）『あと2年で国債暴落、1ドル＝250円に!!』『東京は世界1バブル化する！』『株は2万2000円まで上昇し、その後大暴落する!?』『円もドルも紙キレに！　その時ノルウェークローネで資産を守れ』『あと2年』『円崩壊』『驚くべきヘッジファンドの世界』『いよいよ政府があなたの財産を奪いにやってくる!?』『2017年の衝撃〈上〉〈下〉』『ギリシャの次は日本だ！』『すさまじい時代〈上〉〈下〉』『世界恐慌前夜』『あなたの老後、もうありません！』『日銀が破綻する日』（第二海援隊）など多数。

マイナス金利でも年12%稼ぐ黄金のノウハウ

2016年8月15日　初刷発行

著　者　浅井　隆
発行者　浅井　隆
発行所　株式会社　第二海援隊
〒101-0062
東京都千代田区神田駿河台2-5-1　住友不動産御茶ノ水ファーストビル8F
電話番号　03-3291-1821　　FAX番号　03-3291-1820

印刷・製本／中央精版印刷株式会社

© Takashi Asai　2016
ISBN978-4-86335-171-4

Printed in Japan

乱丁・落丁本はお取り替えいたします。

第二海援隊発足にあたって

日本は今、重大な転換期にさしかかっています。にもかかわらず、私たちはこの極東の島国の上で独りよがりのパラダイムにどっぷり浸かって、まだ太平の世を謳歌しています。

しかし、世界はもう動き始めています。その意味で、現在の日本はあまりにも「幕末」に似ているのです。ただ、今の日本人には幕末の日本人と比べて、決定的に欠けているものがあります。それこそ、志と理念です。現在の日本は世界一の債権大国（＝金持ち国家）に登り詰めはしましたが、人間の志と資質という点では、貧弱な国家になりはててしまいました。それこそが、最大の危機といえるかもしれません。

そこで私は「二十一世紀の海援隊」の必要性を是非提唱したいのです。今日本に必要なのは、技術でも資本でもありません。志をもって大変革を遂げることのできる人物と、それを支える情報です。まさに、情報こそ〝力〟なのです。そこで私は本物の情報を発信するための「総合情報商社」および「出版社」こそ、今の日本にもっとも必要と気付き、自らそれを興そうと決心したのです。

しかし、私一人の力では微力です。是非皆様の力をお貸しいただき、二十一世紀の日本のために少しでも前進できますようご支援、ご協力をお願い申し上げる次第です。

浅井　隆